未来をつくる君たちへ

司馬遼太郎作品からのメッセージ

立花 隆

関川夏央

松本健一

NHK出版

はじめに

二十一世紀《せいき》がはじまってもう十年《ねん》になります。前《まえ》の世紀《せいき》、つまり二十世紀《せいき》に生《う》まれた私《わたし》たちおじさん・おばさんの多《おお》くは、かつて、こう思《おも》っていました。「きっと二十一世紀《せいき》はすばらしい」『二十一世紀《せいき》にはきっと人類《じんるい》は幸《しあわ》せになる』。

でも二十一世紀《せいき》になってみて、どうでしょう？　どうもそんなにすばらしい世紀《せいき》に生《い》きているような気《き》がしません。

二十一世紀《せいき》はこれからどうなる、と皆《みな》さんは思《おも》いますか？　すばらしい「未《み》来《らい》」はくる、と思《おも》いますか？　そもそも誰《だれ》が「未来《みらい》」をつくるのでしょう？

有名《ゆうめい》な歴史小説家《れきししょうせつか》の司馬遼太郎《しばりょうたろう》さんは、かつて小《しょう》・中学生《ちゅうがくせい》の君《きみ》たちに向《む》かってこう書《か》きました。「私《わたし》が持《も》っていなくて、君《きみ》たちだけがもっている大《おお》きなものがある。未来《みらい》というものである」（『二十一世紀《せいき》に生《い》きる君《きみ》たちへ』）。

そして司馬《しば》さんは、「二十一世紀《せいき》に生《い》きる」君《きみ》たちに向《む》けて、こう語《かた》りかけました。

「人間《にんげん》は、助《たす》け合《あ》って生《い》きているのである。……助《たす》け合《あ》うという気持《きも》ちや行動《こうどう》のもとのもとは、いたわりという感情《かんじょう》である。他人《たにん》の痛《いた》みを感《かん》じることと言《い》ってもいい」

二十一世紀《せいき》を生《い》きていく君《きみ》たちへ、司馬《しば》さんはすばらしい時代《じだい》にして欲《ほ》しい、と願《ねが》いを込《こ》めたのです。未来《みらい》はどうなるか分《わ》からない、でもそれは君《きみ》たち自身《じしん》がつくるものなんだ、と。

私《わたし》たちは「未来《みらい》をつくる君《きみ》たちへ」という三本《ぼん》シリーズのテレビ番組《ばんぐみ》を放送《ほうそう》しました。小学生《しょうがくせい》・中学生《ちゅうがくせい》の皆《みな》さんに見《み》てもらおうと思《おも》ったのです。

司馬《しば》さんがよく書《か》いていた、明治維新《めいじいしん》をはさんだ「激動《げきどう》の時代《じだい》」の人々《ひとびと》を題《だい》材《ざい》にして、この二十一世紀《せいき》を生《い》きるヒントを届《とど》けたい、と思《おも》ったからでした。

何《なに》もかもが新《あたら》しくなるだろうこの二十一世紀《せいき》は、「不安《ふあん》の時代《じだい》」でもあります。大人《おとな》にも、いや大人《おとな》こそ、これからどんなふうに社会《しゃかい》が、世界《せかい》が、変《か》わっていくのか、よく分《わ》からない。誰《だれ》も確《たし》かなことは言《い》えないのです。

だから、若《わか》い皆《みな》さんに考《かんが》えて欲《ほ》しい。どうすれば〝人《ひと》が幸《しあわ》せになれる世《よ》の中《なか》〟がつくれるのか？

今回《こんかい》、私《わたし》たちは評論家《ひょうろんか》の立花隆《たちばなたかし》さん、作家《さっか》の関川夏央《せきかわなつお》さん、評論家《ひょうろんか》の松本健一《まつもとけんいち》さんに、小学生《しょうがくせい》・中学生《ちゅうがくせい》の皆《みな》さんに向《む》けてお話《はなし》をしてもらいました。皆《みな》、一流《いちりゅう》の大人《おとな》たちです。

別《べつ》に「二十一世紀《せいき》はこうなりますよ」「こうすれば良《よ》いんだよ」と教《おし》えてくれる訳《わけ》ではありません。いや、それどころか、「大変《たいへん》な時代《じだい》がくるかもしれない」

と言《い》っています。

でもそんな時代《じだい》だからこそ誰《だれ》かに頼《たよ》るのではなく、「自分《じぶん》の頭《あたま》で考《かんが》える」「自《じ》分《ぶん》の目《め》で周《まわ》りの世界《せかい》に素直《すなお》に向《む》き合《あ》う」ことを強《つよ》く勧《すす》めています。

なあんだ、そんなことか……と思《おも》うかもしれません。でもこれからの二十一世紀《せいき》を「不安《ふあん》な時代《じだい》」から「希望《きぼう》のある時代《じだい》」にして欲《ほ》しい、それができるのは皆《みな》さんなのです。

学校《がっこう》でも塾《じゅく》でも学《まな》べない、「自分《じぶん》の頭《あたま》で考《かんが》え」「自分《じぶん》の力《ちから》で未来《みらい》をつくる」ヒント。

そんな、テレビ番組《ばんぐみ》では伝《つた》えきれなかったメッセージを全部《ぜんぶ》つめたのが、この本《ほん》です。

これからくる時代《じだい》、つまり「未来《みらい》」を歩《ある》いていく皆《みな》さんが、ちょっと困《こま》ったとき、不安《ふあん》におびえたとき、こんなはずじゃなかった、と思《おも》ったときに、目《め》の前《まえ》がちょっと開《ひら》けるような、そんな「宝箱《たからばこ》」のような言葉《ことば》がいっぱいつまった本《ほん》です。

さあ、のぞいてみてください。

NHKエデュケーショナル「未来《みらい》をつくる君《きみ》たちへ」プロデューサー　山元浩昭《やまもとひろあき》

目次

世界《せかい》への好奇心《こうきしん》をもとう
～広《ひろ》い心《こころ》をもった人《ひと》・高田屋嘉兵衛《たかたやかへえ》　松本健一《まつもとけんいち》

江戸後期《えどこうき》に医学者《いがくしゃ》、蘭学者《らんがくしゃ》として活躍《かつやく》した緒方洪庵《おがたこうあん》。(適塾記念会蔵《てきじゅくきねんかいぞう》)

緒方洪庵《おがた・こうあん》

一八一〇（文化七《ぶんか》）年《ねん》七月《がつ》十四日、備中国足守《びっちゅうのくにあしもり》（現《げん》在《ざい》の岡山県岡山市《おかやまけんおかやまし》）に緒方洪庵《おがたこうあん》は生《う》まれました。

十五歳《さい》のときに、父親《ちちおや》の惟因《これより》が藩《はん》の大坂蔵屋敷留守《おおさかくらやしきるす》居役《いやく》になったため、洪庵《こうあん》も父親《ちちおや》とともに大坂《おおさか》に出《で》ます。しかし、体《からだ》が弱《よわ》かったため、武士《ぶし》になるのではなく、医学《いがく》を志《こころざ》すことを決意《けつい》しました。

そこで大坂《おおさか》で蘭方医学《らんぽういがく》の塾《じゅく》を開《ひら》いていた中天游《なかてんゆう》の私《し》塾《じゅく》に入《はい》りました。ここでの勉強《べんきょう》を終《お》えると江戸《えど》へ行《い》き、二十一歳《さい》のときには江戸第一《えどだいいち》といわれた蘭方医学《らんぽういがく》の大《たい》家《か》・坪井信道《つぼいしんどう》の私塾《しじゅく》に入門《にゅうもん》。四年《ねん》にわたって学《まな》び、洪《こう》庵《あん》はオランダ語《ご》を使《つか》いこなせるようになりました。

洪庵《こうあん》の才能《さいのう》を見《み》ぬいた坪井《つぼい》は、自《みずか》らの師匠《ししょう》である宇《う》

緒方洪庵《おがたこうあん》が開《ひら》いた適塾《てきじゅく》には、蘭学《らんがく》を学《まな》ぶために日本中《にほんじゅう》から若者《わかもの》が集《あつ》まった。
大阪市《おおさかし》の北浜《きたはま》に現存《げんそん》している。

田川榛斎《だがわしんさい》を洪庵《こうあん》に紹介《しょうかい》し、洪庵《こうあん》はここで二年間《ねんかん》、蘭学《らんがく》、蘭方医学《らんぼういがく》を学《まな》びます。そして、洪庵《こうあん》は長崎《ながさき》に行《い》き、さらにここで二年間《ねんかん》、勉強《べんきょう》をします。

二十八歳《さい》になった洪庵《こうあん》は大坂《おおさか》にもどり、医師《いし》として活動《かつどう》する一方《いっぽう》で、適塾《てきじゅく》を開《ひら》きます。適塾《てきじゅく》には数多《かずおお》くの門下生《もんかせい》が集《あつ》まり、その中《なか》には明治維新後《めいじいしんご》に活躍《かつやく》する福《ふく》沢諭吉《ざわゆきち》や大村益次郎《おおむらますじろう》などのほか医師《いし》を目指《めざ》す人《ひと》が多《おお》く集《あつ》まりました。また、一八四九（嘉永二《かえい》）年《ねん》に牛痘苗《ぎゅうとうびょう》を得《え》て、大坂《おおさか》に除痘館《じょとうかん》を開《ひら》きました。

一八六三（文久三《ぶんきゅう》）年《ねん》六月《がつ》十日《か》、洪庵《こうあん》は、五十三歳《さい》でこの世《よ》を去《さ》りますが、医学《いがく》・文化《ぶんか》の面《めん》で日本《にほん》の近代《きんだい》化《か》に貢献《こうけん》した人物《じんぶつ》なのです。

西暦	満年齢	
一八一〇	〇	七月《がつ》十四日《か》　備中国足守《びっちゅうのくにあしもり》で生《う》まれる
一八二五	十五	父《ちち》・惟因《これより》が大坂蔵屋敷留守居役《おおさかくらやしきるすいやく》となり、ともに大坂《おおさか》に出《で》る
一八二六	十六	中天游《なかてんゆう》の私塾《しじゅく》で蘭学《らんがく》を学《まな》ぶ
一八三〇	二十	蘭学修業《らんがくしゅぎょう》のため江戸《えど》に向《む》かう
一八三一	二十一	坪井信道《つぼいしんどう》の私塾《しじゅく》に入門《にゅうもん》して学《まな》ぶ
一八三三	二十三	坪井信道《つぼいしんどう》の紹介《しょうかい》で、宇田川榛斎《うだがわしんさい》に学《まな》ぶ
一八三六	二十六	修業《しゅぎょう》のため長崎《ながさき》に向《む》かう
一八三八	二十八	長崎《ながさき》の修業《しゅぎょう》を終《お》えて大坂《おおさか》にもどり、瓦町《かわらまち》に「適塾《てきじゅく》」を開《ひら》く。八重《やえ》と結婚《けっこん》
一八四五	三十五	適塾《てきじゅく》を瓦町《かわらまち》から過書町《かしょまち》へ移転《いてん》
一八四九	三十九	京都《きょうと》で牛痘苗《ぎゅうとうびょう》の分苗《ぶんびょう》を手《て》に入《い》れ、大坂《おおさか》で除痘館《じょとうかん》を開設《かいせつ》する。日本《にほん》ではじめての病気《びょうき》の原因《げんいん》や治療方法《ちりょうほうほう》をまとめた病理学書《びょうりがくしょ》を出版《しゅっぱん》
一八五〇	四十	郷里《きょうり》の足守藩《あしもりはん》の要請《ようせい》によって、備中足守《びっちゅうあしもり》に行《い》き「足守除痘館《あしもりじょとうかん》」を開設《かいせつ》する

医者《いしゃ》として高《たか》い志《こころざし》をもち、患者《かんじゃ》のために大《おお》いに尽《つ》くした緒方洪庵《おがたこうあん》が使《つか》っていた薬箱《くすりばこ》。さまざまな薬《くすり》やハサミ、メスなどが納《おさ》められている。（適塾記念会蔵《てきじゅくきねんかいぞう》）

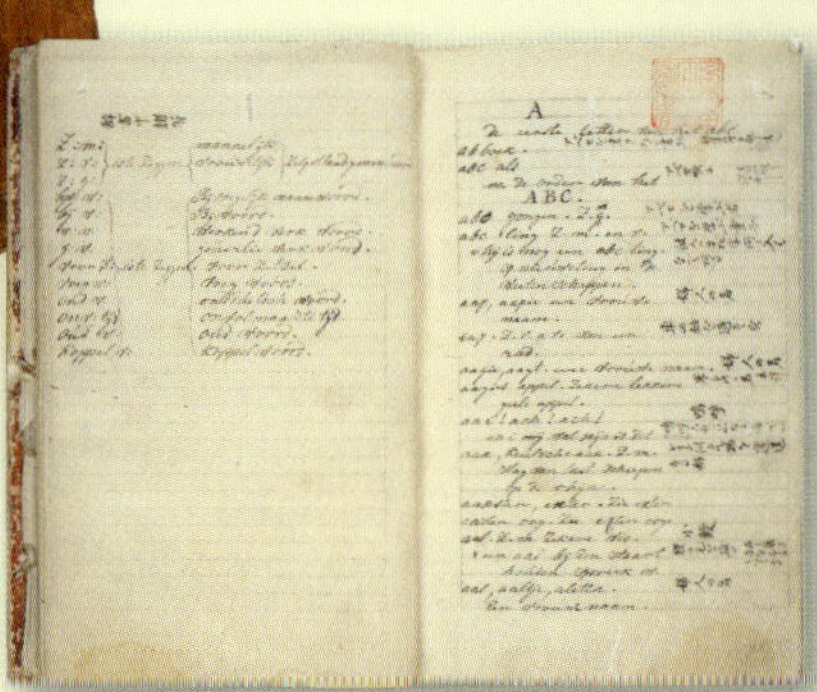

ヅーフ辞書《じしょ》（長崎《ながさき》ハルマ）。長崎出《ながさきで》島《じま》のオランダ商館長《しょうかんちょう》ヅーフが作成《さくせい》した蘭日辞書《らんにちじしょ》。手書《てが》きで写《うつ》されて広《ひろ》まり、西洋《せいよう》の知識《ちしき》の吸収《きゅうしゅう》に大《おお》いに役立《やくだ》った。（早稲田大学図書館蔵《わせだだいがくとしょかんぞう》）

一八五八	四十八	洪庵《こうあん》が開《ひら》いた大坂《おおさか》の除痘館《じょとうかん》が幕府《ばくふ》より認《みと》められる。コレラの流行《りゅうこう》に際《さい》して、その治療《ちりょう》の手引《てび》き書《しょ》を出版《しゅっぱん》
一八六〇	五十	ベルリン大学教授《だいがくきょうじゅ》フーフェランドがまとめた医学書《いがくしょ》を翻訳《ほんやく》し、出版《しゅっぱん》
一八六二	五十二	幕府《ばくふ》からの再三《さいさん》の要請《ようせい》により江戸《えど》に行《い》き、奥医師《おくいし》となる。西洋医学所頭取《せいよういがくしょとうどり》を兼務《けんむ》
一八六三	五十三	六月《がつ》十日《か》　西洋医学所《せいよういがくしょ》で大量《たいりょう》の血《ち》を吐《は》き、急死《きゅうし》

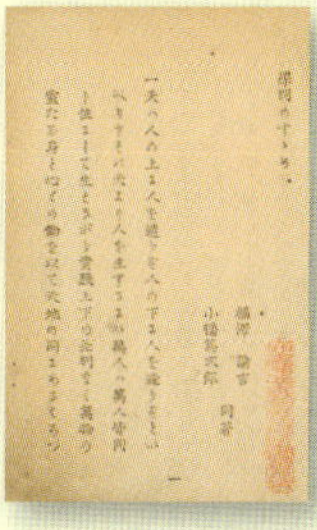

1872(明治《めいじ》5)年《ねん》に刊行《かんこう》された福沢諭吉《ふくざわゆきち》の代表《だいひょう》的著作《てきちょさく》、『学問《がくもん》のすゝめ初編《しょへん》』。「天《てん》は人《ひと》の上《うえ》に人《ひと》を造《つく》らず、人《ひと》の下《した》に人《ひと》を造《つく》らず」という有名《ゆうめい》な一文《いちぶん》で始《はじ》まる。(慶應義塾大学図書館蔵《けいおうぎじゅくだいがくとしょかんぞう》)

福沢諭吉《ふくざわゆきち》も適塾《てきじゅく》に学《まな》んだ一人《ひとり》。1862(文久《ぶんきゅう》2)年《ねん》、幕府使節《ばくふしせつ》としてヨーロッパを訪《おとず》れたときのもの。(慶應義塾大学図書館蔵《けいおうぎじゅくだいがくとしょかんぞう》)

適塾《てきじゅく》の大部屋《おおべや》。門下生《もんかせい》は一人《ひとり》一畳《じょう》ほどのスペースを与《あた》えられ、昼《ひる》も夜《よる》も勉学《べんがく》に励《はげ》んだという。

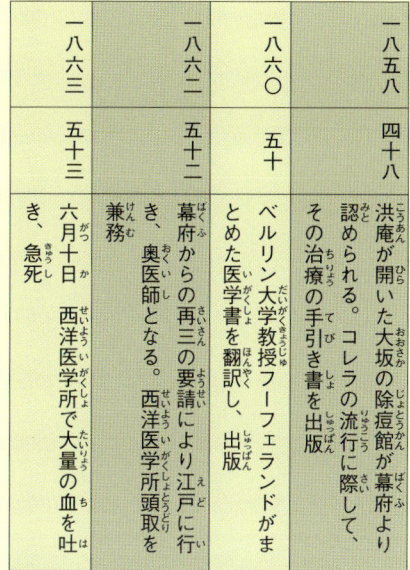

正岡子規《まさおか・しき》

1898（明治《めいじ》31）年《ねん》、病床《びょうしょう》で仕事《しごと》をする正岡子規《まさおかしき》。31歳《さい》。（三宅雪嶺《みやけせつれい》撮影《さつえい》。松山市立子規記念博物《まつやましりつしききねんはくぶつ》館蔵《かんぞう》）

一八六七（慶応《けいおう》三）年《ねん》九月《がつ》十七日《にち》（旧暦《きゅうれき》）、伊予国温《いよのくにおん》泉郡藤原新町《せんぐんふじわらしんちょう》（現在《げんざい》の愛媛県松山市花園町《えひめけんまつやましはなぞのまち》）に正岡子規《まさおかしき》（本名《ほんみょう》・常規《つねのり》）は生《う》まれました。

十二歳《さい》のころになると、友《とも》だちと詩《し》や雑誌《ざっし》などをつくり文学《ぶんがく》に目覚《めざ》めはじめました。一八八〇（明治《めいじ》十三）年《ねん》、松山中学校《まつやまちゅうがっこう》（現《げん》・松山東高校《まつやまひがしこうこう》）に入学《にゅうがく》。十五歳《さい》ぐらいになると、政治《せいじ》への関心《かんしん》も高《たか》まり、演説《えんぜつ》に熱中《ねっちゅう》するようになります。それと同時《どうじ》に東京《とうきょう》への思《おも》いを強《つよ》くもつようになりました。そして、一八八三年《ねん》に松山中学校《まつやまちゅうがっこう》を退学《たいがく》して東京《とうきょう》に向《む》かいます。翌《よく》八四年《ねん》に東京大学予備門《とうきょうだいがくよびもん》に入学《にゅうがく》。予備門《よびもん》に入学《にゅうがく》した子規《しき》は、俳句《はいく》を学《まな》びはじめ、野球《やきゅう》と落語《らくご》にも熱中《ねっちゅう》します。この落語《らくご》を通《とお》して夏目漱石《なつめそうせき》との親《しん》

台東区《たいとうく》根岸《ねぎし》にある子規庵《しきあん》。子規《しき》が1894（明治《めいじ》27）年《ねん》に松山《まつやま》から母《はは》と妹《いもうと》を呼《よ》び寄《よ》せ、住居《じゅうきょ》とした。その後《ご》、糸瓜《へちま》の句《く》3句《く》を絶筆《ぜっぴつ》として35歳《さい》で亡《な》くなるまで住《す》み続《つづ》けた（1951〈昭和《しょうわ》26〉年再建《ねんさいけん》）。

交《こう》がはじまり、のちの親友《しんゆう》としてのつき合《あ》いがはじまるのです。しかし、二十二歳《さい》のときに結核《けっかく》のため、はじめて血《ち》を吐《は》き、病魔《びょうま》との戦《たたか》いもはじまります。

一八九〇（明治《めいじ》二十三）年《ねん》九月《がつ》、帝国大学《ていこくだいがく》（現《げん》・東京大学《とうきょうだいがく》）に入学《にゅうがく》。二十五歳《さい》のときに新聞《しんぶん》を通《つう》じて、俳句《はいく》についての考《かんが》え方《かた》を発表《はっぴょう》。子規《しき》の俳句《はいく》の革新運動《かくしんうんどう》がはじまります。

その後《ご》、大学《だいがく》を退学《たいがく》し、新聞《しんぶん》の編集責任者《へんしゅうせきにんしゃ》をやりながら、俳句《はいく》の研究《けんきゅう》は進《すす》められていきます。また、一八九八年《ねん》には『歌《うた》よみに与《あた》ふる書《しょ》』を発表《はっぴょう》し、子規《しき》の短歌革《たんかかく》新《しん》がはじまります。子規《しき》は病床《びょうしょう》にありながらも、創作活動《そうさくかつどう》は衰《おとろ》えることなく、次々《つぎつぎ》と作品《さくひん》を発表《はっぴょう》しますが、一九〇二年《ねん》九月《がつ》十九日《にち》、三十五歳《さい》で亡《な》くなりました。

西暦	満年齢	
一八六七	○	九月《がつ》十七日《にち》（旧暦《きゅうれき》）伊予国《いよのくに》（現《げん》・愛媛県松山市《えひめけんまつやまし》花園町《はなぞのまち》）に生《う》まれる。本名《ほんみょう》・正岡常規《まさおかつねのり》、幼名《ようみょう》・処之助《ところのすけ》
一八七二	五	父《ちち》・常尚《つねなお》が死去《しきょ》
一八七三	六	母方《ははかた》の祖父《そふ》・大原観山《おおはらかんざん》の私塾《しじゅく》へ通《かよ》い始《はじ》め、漢書《かんしょ》の素読《そどく》を学《まな》ぶ
一八七四	七	末広学校入学《すえひろがっこうにゅうがく》
一八七五	八	勝山学校《かつやまがっこう》（現《げん》・松山市立番町小学校《まつやましりつばんちょうしょうがっこう》）へ転校《てんこう》
		祖父《そふ》・大原観山《おおはらかんざん》が亡《な》くなり、土屋久明《つちやきゅうめい》に漢学《かんがく》を学《まな》ぶようになる
一八八〇	十三	松山中学《まつやまちゅうがく》（現《げん》・松山東高《まつやまひがしこう》）に入学《にゅうがく》
一八八三	十六	東京大学予備門《とうきょうだいがくよびもん》の入学《にゅうがく》のため、松山中学《まつやまちゅうがく》を退学《たいがく》し、東京《とうきょう》に出《で》る
一八八四	十七	東京大学予備門《とうきょうだいがくよびもん》に入学《にゅうがく》
一八八九	二十二	漱石《そうせき》との交遊《こうゆう》がはじまる。「子規《しき》」の号《ごう》を使《つか》いはじめる。結核《けっかく》と診断《しんだん》される

1890（明治《めいじ》23）年《ねん》、野球好《やきゅうず》きの子規《しき》のユニフォーム姿《すがた》での写真《しゃしん》。子規《しき》は左利《ひだりき》きで、ポジションはキャッチャーだった。（松山市立子規記念博物館蔵《まつやましりつしきぎねんはくぶつかんぞう》）

子規《しき》の愛用《あいよう》していた机《つくえ》。病気《びょうき》により伸《の》ばせなくなった左《ひだり》ひざを入《い》れるため、板《いた》をくり抜《ぬ》いた。

一八九〇	二十三	帝国大学《ていこくだいがく》文科大学《ぶんかだいがく》哲学科《てつがくか》入学《にゅうがく》
一八九一	二十四	国文科《こくぶんか》に転科《てんか》
一八九二	二十五	『獺祭書屋俳話《だっさいしょおくはいわ》』の連載《れんさい》がはじまる。俳句革新《はいくかくしん》がはじまる 日本新聞社入社《にっぽんしんぶんしゃにゅうしゃ》
一八九四	二十七	上根岸《かみねぎし》（現在《げんざい》の子規庵《しきあん》）に転居《てんきょ》 新聞《しんぶん》『小日本《しょうにっぽん》』の編集責任者《へんしゅうせきにんしゃ》になる
一八九五	二十八	日清戦争《にっしんせんそう》に記者《きしゃ》として従軍《じゅうぐん》し、帰路《きろ》に喀血《かっけつ》。松山《まつやま》にもどり、漱石《そうせき》の下宿《げしゅく》で暮《く》らす
一八九七	三十	俳句雑誌《はいくざっし》『ほととぎす』が発行《はっこう》
一八九八	三十一	『歌《うた》よみに与《あた》ふる書《しょ》』を発表《はっぴょう》し、短歌《たんか》の革新運動《かくしんうんどう》をはじめる
一九〇一	三十四	随筆《ずいひつ》『墨汁一滴《ぼくじゅういってき》』の連載《れんさい》がはじまる 日記《にっき》『仰臥漫録《ぎょうがまんろく》』を書《か》きはじめる
一九〇二	三十五	随筆《ずいひつ》『病牀六尺《びょうしょうろくしゃく》』の連載《れんさい》がはじまる 九月《がつ》十九日《にち》（新暦《しんれき》）死去《しきょ》。享年《きょうねん》三十五

子規《しき》のまわりには、子規《しき》に兄事《けいじ》していた高浜虚子《たかはまきょし》や河東碧梧桐《かわひがしへきごとう》など松山《まつやま》以来《いらい》の友人《ゆうじん》が常《つね》に集《あつ》まり、句会《くかい》や歌会《うたかい》、文学美術談義《ぶんがくびじゅつだんぎ》を行《おこな》っていた。（松山市立子規記念博物館蔵《まつやましりつしききねんはくぶつかんぞう》）

高田屋嘉兵衛《たかたや・かへえ》

海《うみ》が大好《だいす》きだった高田屋嘉兵衛《たかたやかへえ》。江戸後期《えどこうき》を代表《だいひょう》する廻船業者《かいせんぎょうしゃ》になり、日本《にほん》とロシアの和解《わかい》に尽力《じんりょく》した。(北方歴史資料館蔵《ほっぽうれきししりょうかんぞう》)

一七六九（明和《めいわ》六）年一月《がつ》一日《にち》、淡路島《あわじしま》の津名郡《つなぐん》都志本村《つしほんむら》（現在《げんざい》の兵庫県洲本市五色町《ひょうごけんすもとしごしきちょう》）に高田屋嘉兵衛《たかたやかへえ》（幼名《ようみょう》・菊弥《きくや》）は生《う》まれました。

十一歳《さい》になると隣村《りんそん》の都志浦新在家《つしのうらしんざいけ》にあった和田屋喜重郎《わだやきじゅうろう》の家《いえ》に奉公人《ほうこうにん》として預《あず》けられます。そこで嘉兵衛《かへえ》は、隣村《りんそん》から来《き》た者《もの》としてさまざまないじめや嫌《いや》がらせに遭《あ》いながら、漁業《ぎょぎょう》や商売《しょうばい》の手伝《てつだ》い、船乗《ふなの》りとしての基礎《きそ》を身《み》につけていきます。

二十二歳《さい》のときに淡路島《あわじしま》を出《で》て、千石船《せんごくぶね》の船乗《ふなの》りとして生活《せいかつ》がはじまります。そして、嘉兵衛《かへえ》は二十五歳《さい》で沖船頭《おきせんどう》（雇《やと》われ船頭《せんどう》）、二十八歳《さい》のときに千石船《せんごくぶね》（実質《じっしつ》は千《せん》五百石《ひゃくこく》）の「辰悦丸《しんえつまる》」を建造《けんぞう》して、

二百数《ひゃくすう》十年前《ねんまえ》に嘉兵衛《かへえ》が行《い》き来《き》していた明石海峡《あかしかいきょう》。現在《げんざい》は、本州《ほんしゅう》と淡路島《あわじしま》をつなぐ明石海峡大橋《あかしかいきょうおおはし》が架《か》けられ、多《おお》くの車《くるま》が行《い》き交《か》う。

持船船頭《もちぶねせんどう》になり、夢《ゆめ》に見《み》ていた北海道《ほっかいどう》との交易《こうえき》をはじめるなど、着実《ちゃくじつ》に夢《ゆめ》を実現《じつげん》していきました。このとき嘉兵衛《かへえ》は、まだまだ小《ちい》さい村《むら》だった箱館《はこだて》（函館《はこだて》）の利便性《りべんせい》を見抜《みぬ》き、いち早《はや》く箱館《はこだて》に店《みせ》を開《ひら》きます。このときから「高田屋《たかたや》」の屋号《やごう》を公称《こうしょう》するようになりました。

三十一歳《さい》になった嘉兵衛《かへえ》は徳川幕府《とくがわばくふ》の蝦夷地御用御雇《えぞちごようおやとい》となり、択捉島《えとろふとう》、国後島《くなしりとう》など北海道《ほっかいどう》のさらに北《きた》の海《うみ》の航路《こうろ》を拓《ひら》くなどする一方《いっぽう》で、箱館《はこだて》の発展《はってん》のために尽力《じんりょく》します。

四十四歳《さい》のときにロシア船《せん》「ディアナ号《ごう》」に拿捕《だほ》され、ロシア側《がわ》の言《い》い分《ぶん》を聞《き》き、それ以前《いぜん》に日本側《にほんがわ》に捕《つか》まっていたロシア人《ひと》のゴローニン解放《かいほう》のため、幕府《ばくふ》・ロシア双方《そうほう》の間《あいだ》に立《た》って交《こう》渉役《しょうやく》を務《つと》めます。そして、五十九歳《さい》で波乱《はらん》の生涯《しょうがい》を閉《と》じました。

西暦	数え年	
一七六九	一	淡路国津名郡都志本村《あわじのくにつなぐんつしほんむら》（現《げん》・兵庫県《ひょうごけん》洲本市五色町《すもとしごしきちょう》）に生《う》まれる
一七八六	十八	瓦船《かわらぶね》に乗《の》るようになる
一七九〇	二十二	淡路島《あわじしま》を出《で》て兵庫《ひょうご》の堺屋喜兵衛《さかいやきへえ》方《かた》に身《み》を寄《よ》せる 樽廻船《たるかいせん》に乗《の》るようになる
一七九二	二十四	ふさと結婚《けっこん》する
一七九三	二十五	沖船頭《おきせんどう》（雇《やと》われ船頭《せんどう》）になる
一七九五	二十七	出羽国酒田《でわのくにさかた》（山形県《やまがたけん》）へと向《む》かう
一七九六	二十八	はじめての新造船《しんぞうせん》「辰悦丸《しんえつまる》」が完成《かんせい》。持船船頭《もちぶねせんどう》になり蝦夷《えぞ》との交易《こうえき》をはじめる。「高田屋《たかたや》」を公称《こうしょう》する
一七九八	三十	箱館《はこだて》に「高田屋《たかたや》」を出店《しゅってん》
一七九九	三十一	幕府《ばくふ》の蝦夷地御用御雇《えぞちごようおやとい》となり、択捉《えとろふ》航路《こうろ》を拓《ひら》く
一八〇〇	三十二	択捉《えとろふ》の漁場《ぎょじょう》を拓《ひら》く
一八〇一	三十三	幕府《ばくふ》より蝦夷地定雇船頭《えぞちじょうやといせんどう》に命《めい》じられ、名字帯刀《みょうじたいとう》を許《ゆる》される

高田屋《たかたや》の船羽織《ふなばおり》。（北方《ほっぽう》歴史資料館蔵《れきししりょうかんぞう》）

嘉兵衛《かへえ》のはじめての持船《もちぶね》となった辰悦丸《しんえつまる》の模型《もけい》。（高田屋顕彰館《たかたやけんしょうかん》）

嘉兵衛《かへえ》が生《う》まれ育《そだ》った故《こ》郷《きょう》近《ちか》くにある都志《つし》の港《みなと》。

一八〇四	三十六	箱館《はこだて》に造船所《ぞうせんじょ》を開設《かいせつ》する
一八〇五	三十七	江戸《えど》、大坂《おおさか》に「高田屋《たかたや》」を出店《しゅってん》
一八〇六	三十八	箱館《はこだて》の大火《たいか》で店《みせ》などを失《うしな》うが、復興《ふっこう》のために尽力《じんりょく》する
一八〇七	三十九	箱館《はこだて》に新店舗《しんてんぽ》を建設《けんせつ》
一八一一	四十三	ロシア軍艦《ぐんかん》「ディアナ号《ごう》」艦長《かんちょう》のゴローニンら乗組員《のりくみいん》八人《にん》が幕府《ばくふ》に捕《と》らえられる
一八一二	四十四	国後沖《くなしりおき》で嘉兵衛《かへえ》が乗《の》る「観世丸《かんぜまる》」がロシア軍艦《ぐんかん》「ディアナ号《ごう》」に拿捕《だほ》され、嘉兵衛《かへえ》ほか五人《にん》がカムチャッカ半島《はんとう》に連行《れんこう》される
一八一三	四十五	国後島《くなしりとう》にもどり、幕府《ばくふ》とロシアの間《あいだ》にたってゴローニン解放《かいほう》のため交渉《こうしょう》の仲介《ちゅうかい》をする
一八一八	五十	病気静養《びょうきせいよう》のため、都志本村《つしほんむら》に帰《かえ》る
一八二七	五十九	徳島《とくしま》にて阿波藩主《あわはんしゅ》に拝謁《はいえつ》。四月《がつ》五日《か》死去《しきょ》

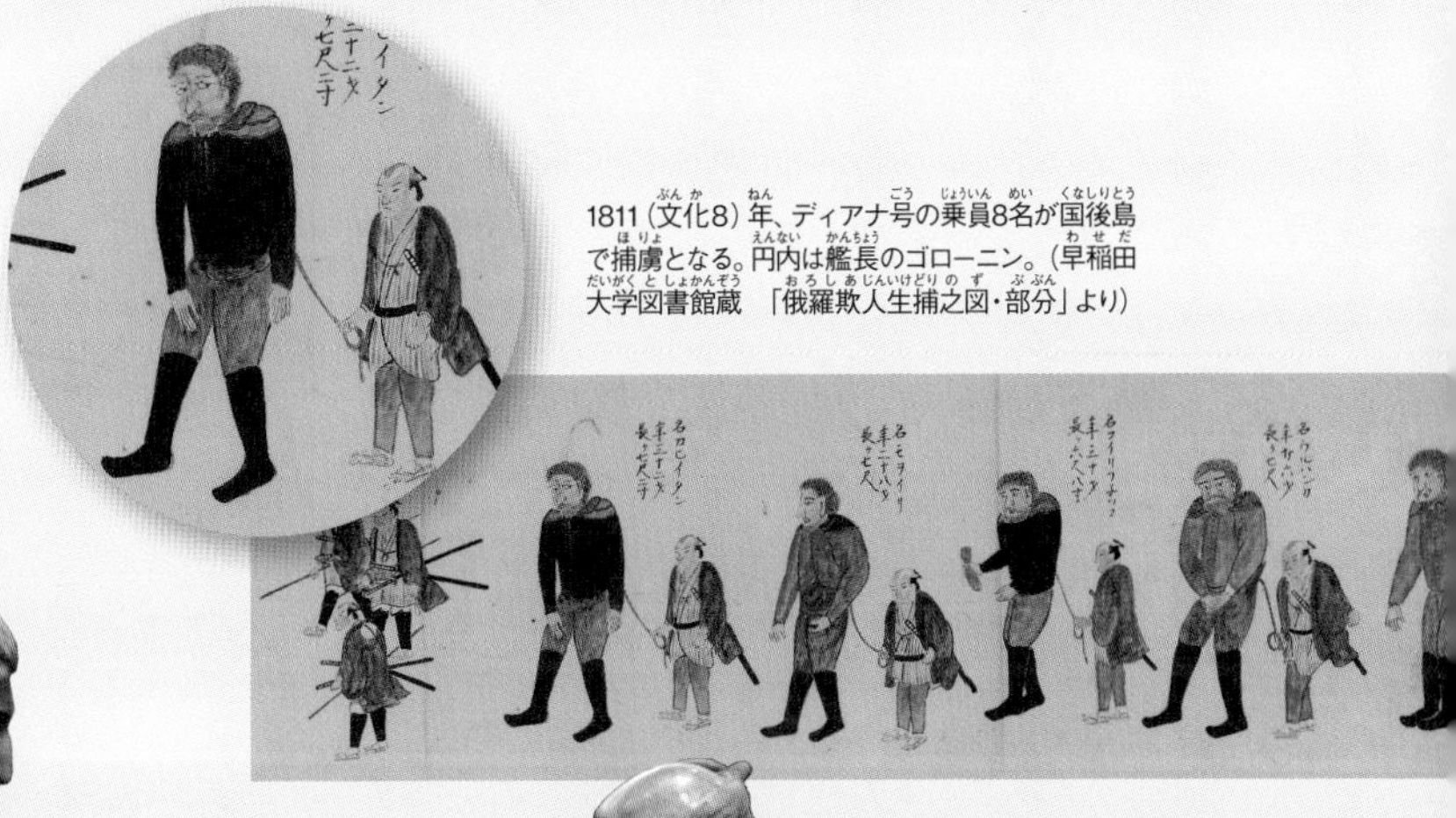

1811（文化《ぶんか》8）年《ねん》、ディアナ号《ごう》の乗員《じょういん》8名《めい》が国後島《くなしりとう》で捕虜《ほりょ》となる。円内《えんない》は艦長《かんちょう》のゴローニン。（早稲田《わせだ》大学図書館蔵《だいがくとしょかんぞう》「俄羅斯人生捕之図《おろしあじんいけどりのず》・部分《ぶぶん》」より）

ゴローニン事件解決《じけんかいけつ》のために、ディアナ号副艦長《ごうふくかんちょう》リコルド（左《ひだり》）と協議《きょうぎ》する嘉兵衛《かへえ》。（高田屋顕彰館《たかたやけんしょうかん》）

情報《じょうほう》を手《て》に入《い》れて未来《みらい》を拓《ひら》こう

〜世界《せかい》を見《み》る目《め》をもった人《ひと》・緒方洪庵《おがたこうあん》

立花 隆

Tachibana Takashi

立花　隆　たちばな・たかし

評論家《ひょうろんか》、ジャーナリスト。一九四〇（昭和《しょうわ》十五）年《ねん》、長崎県《ながさきけん》生《う》まれ。東京大学仏文科卒業《とうきょうだいがくふつぶんかそつぎょう》。文藝春《ぶんげいしゅん》秋《じゅう》を経《へ》て東京大学哲学科《とうきょうだいがくてつがくか》に学士入学《がくしにゅうがく》、在学中《ざいがくちゅう》からフリーライターとして活動《かつどう》を開始《かいし》する。一九七四年《ねん》、「田中角栄研究《たなかかくえいけんきゅう》」を『文藝春秋《ぶんげいしゅんじゅう》』誌上《しじょう》に発表《はっぴょう》し、大《おお》きな反響《はんきょう》を呼《よ》ぶ。著書《ちょしょ》に『宇宙《うちゅう》からの帰還《きかん》』（中《ちゅう》公文庫《こうぶんこ》）、『臨死体験《りんしたいけん》』『ぼくはこんな本《ほん》を読《よ》んできた』（共《とも》に文春文庫《ぶんしゅんぶんこ》）、『ぼくの血《ち》となり肉《にく》となった五〇〇冊《さつ》そして血《ち》にも肉《にく》にもならなかった一〇〇冊《さつ》』（文藝春秋《ぶんげいしゅんじゅう》）、『ぼくらの頭脳《ずのう》の鍛《きた》え方《かた》』（共著《きょうちょ》、文春新書《ぶんしゅんしんしょ》）ほか多数《たすう》。第《だい》一回司馬遼太郎賞受賞《かいしばりょうたろうしょうじゅしょう》。

十年《ねん》という時間《じかん》の長《なが》さ

「あなたは、将来《しょうらい》、なにになりたいですか？」

答《こた》えはさまざまあると思《おも》います。気象予報士《きしょうよほうし》、科学者《かがくしゃ》といった具体的《ぐたいてき》な仕事《しごと》を答《こた》える人《ひと》もいるでしょう。でも、「わかりません」「まだ決《き》まっていません」という人《ひと》、「世《よ》の中《なか》に役立《やくだ》つことをしたい」といったぼんやりしたイメージしかもっていない人《ひと》のほうが多《おお》いのではないでしょうか。僕《ぼく》はこうしたはっきりしないという答《こた》えに好感《こうかん》をもっています。

なぜなら、人《ひと》は不確定《ふかくてい》なものだからです。明日《あす》なにをするか、なにを食《た》べるか、決《き》まっている人《ひと》はどのくらいいるでしょうか。人《ひと》の未来《みらい》というのは常《つね》に決《き》まっていないものなのです。

まして、中学生《ちゅうがくせい》の君《きみ》たちが仕事《しごと》をするようになるのは十年《ねん》ほど先《さき》のことです。十年前《ねんまえ》の自分《じぶん》を想像《そうぞう》してみてください。君《きみ》たちはまだ幼児《ようじ》だった。そんな幼児《ようじ》が十年後《ねんご》のことなど想像《そうぞう》できるわけがありません。つまり、十年《ねん》という時間《じかん》はそれくらい長《なが》い時間《じかん》なのです。

また、十年《ねん》という歳月《さいげつ》は社会《しゃかい》も大《おお》きく変《か》えてしまいます。そのため職業《しょくぎょう》そのものも変《か》わります。

たとえば、コンピュータ・プログラマーという仕事《しごと》があります。今《いま》はたくさんの人《ひと》がその仕事《しごと》に従事《じゅうじ》していますが、これは、僕《ぼく》が大学《だいがく》を卒業《そつぎょう》するころはまだ存在《そんざい》していなかった仕事《しごと》です。しかし、十年《ねん》くらいすると、同《どう》級生《きゅうせい》の中《なか》で何人《なんにん》かがその仕事《しごと》をするようになり、「へー、なにそれ？」とビックリされた。当時《とうじ》は新《あたら》しい仕事《しごと》でした。そもそもコンピュータ・プログラマーという仕事《しごと》は、コンピュータの出現《しゅつげん》によって生《う》まれた仕事《しごと》です。

このように考《かんが》えてみると、十年後《ねんご》の最先端《さいせんたん》の仕事《しごと》は今存在《いまそんざい》しない仕事《しごと》かもしれない。十年後《ねんご》の最先端《さいせんたん》の仕事《しごと》を中心《ちゅうしん》にやっている会社自体《かいしゃじたい》が、今《いま》は存《そん》在《ざい》しない会社《かいしゃ》かもしれません。十年《ねん》という時間《じかん》は、それほど社会《しゃかい》を変化《へんか》させてしまうのです。

だから、「将来《しょうらい》、なにになりたいですか？」「将来《しょうらい》、どんな仕事《しごと》をしたいですか？」と聞《き》かれたら、「それは、今《いま》はわかりません」というほうが僕《ぼく》は正《ただ》しいと思《おも》っているのです。

もちろん、大昔《おおむかし》もあったし、将来《しょうらい》もあり続《つづ》けるであろう仕事《しごと》もあります。たとえば、政治家《せいじか》という仕事《しごと》ですが、これは大昔《おおむかし》からあったし、将来《しょうらい》もずっとあり続《つづ》ける仕事《しごと》でしょう。政治《せいじ》はこの世《よ》の中《なか》でかかせない社会《しゃかい》のある機能《きのう》をになう仕事《しごと》だからです。また、先生《せんせい》という仕事《しごと》もそうですね。先生《せんせい》という仕事《しごと》は、今《いま》の世代《せだい》から次《つぎ》の世代《せだい》へと「知識《ちしき》」の橋渡《はしわた》しをする仕事《しごと》ですから、過去《かこ》も未来《みらい》も必要《ひつよう》な仕事《しごと》です。

しかし、同《おな》じ仕事《しごと》でも、内容《ないよう》は時代《じだい》とともに大《おお》きく変化《へんか》します。たとえば、歴史《れきし》の先生《せんせい》であれば、教《おし》える歴史《れきし》の内容《ないよう》というのはおそらく相当変《そうとうか》わるはずです。なぜなら、歴史《れきし》は、過去《かこ》を振《ふ》り返《かえ》ってみてその時代《じだい》がどういう時代《じだい》であるかを検証《けんしょう》するものです。ある時代《じだい》がどうであったかという歴史《れきし》の見方《みかた》というのは、時代《じだい》によって変《か》わってくるからです。

社会《しゃかい》には正解《せいかい》のない問題《もんだい》ばかりがある

僕《ぼく》がいいたいことは、自分《じぶん》や世《よ》の中《なか》の未来《みらい》はだれにもわからないということです。もちろん、ある程度《ていど》は予想《よそう》できるかもしれないけれど、具体的《ぐたいてき》に十年後《ねんご》、だれが総理大臣《そうりだいじん》になっているかとか、日本《にほん》と外国《がいこく》との関係《かんけい》がどう変《か》わっているかなど、そういうことはわかりません。でも、十年《ねん》たつと君《きみ》たちは二十歳《はたち》以上《いじょう》になっていて、大人《おとな》になっていることだけはまちがいありません。そして、君《きみ》たちが社会《しゃかい》の中心《ちゅうしん》をになう時代《じだい》になっています。

不確定《ふかくてい》な未来《みらい》の社会《しゃかい》と、自分《じぶん》の将来《しょうらい》とをどうすり合《あ》わせていくかということが、とても重要《じゅうよう》なことになります。それを行《おこな》うには、学校《がっこう》の勉強《べんきょう》はそれほど重要《じゅうよう》ではありません。なぜなら、学校《がっこう》で教《おし》えることは全部正解《ぜんぶせいかい》がわかっていることだからです。しかし、社会《しゃかい》では正解《せいかい》のわからない問題《もんだい》が次々《つぎつぎ》と出《で》てきます。そうした問題《もんだい》に対《たい》してどのような答《こた》えを見《み》つけていくのかということが要求《ようきゅう》されます。

ところが、学校《がっこう》で教《おし》える勉強《べんきょう》というのはあらかじめ答《こた》えが決《き》まっていて、それをきちんと答《こた》えられればよいというものです。いってみれば、先生《せんせい》の頭《あたま》のなかにある答《こた》え探《さが》しです。これが上手《じょうず》にできれば学校《がっこう》の成績《せいせき》は上《あ》がります。そういうのを「学校秀才《がっこうしゅうさい》」といいます。しかし、学校秀才《がっこうしゅうさい》が本当《ほんとう》にこの世《よ》の中《なか》の秀才《しゅうさい》、成功者《せいこうしゃ》かというと全然《ぜんぜん》そうではありません。

現実《げんじつ》の社会《しゃかい》というのは、すべての面《めん》で正《ただ》しい答《こた》えがなにかわからないものです。社会《しゃかい》に出《で》て必要《ひつよう》な能力《のうりょく》というのは、正解《せいかい》がわからない問題《もんだい》にぶつかったときでも、自分《じぶん》なりの答《こた》えを見《み》つけて行動《こうどう》する能力《のうりょく》です。正解《せいかい》ではないかもしれないけれども、みんながよいと思《おも》える答《こた》えを自《みずか》らが見《み》つけていくことが必要《ひつよう》とされるのが現実《げんじつ》の社会《しゃかい》なのです。

とても重要《じゅうよう》なことは、今《いま》の社会《しゃかい》がものすごく急激《きゅうげき》に変化《へんか》しているということです。だから、これまで以上《いじょう》に学校《がっこう》のテストの点数《てんすう》がよいだけの学校《がっこう》秀才《しゅうさい》をめざすような勉強《べんきょう》をしていては追《お》いつかない時代《じだい》になりつつあるということを君《きみ》たちは知《し》るべきだと思《おも》っています。

君《きみ》たちが受《う》け継《つ》がなくてはならない〝荷物《にもつ》〟

二十一世紀《せいき》は二十世紀《せいき》の延長線上《えんちょうせんじょう》にあります。つまり、二十一世紀《せいき》を生《い》きる人《ひと》たちは、二十世紀《せいき》が残《のこ》した〝荷物《にもつ》〟も受《う》け継《つ》がなくてはなりません。今《いま》、二十一世紀《せいき》の幕《まく》が上《あ》がった直後《ちょくご》の社会《しゃかい》を見《み》ていると、二十世紀《せいき》が残《のこ》した〝荷物《にもつ》〟をかついでヨタヨタと走《はし》っているような状態《じょうたい》です。二十世紀《せいき》から受《う》け継《つ》いだ〝荷物《にもつ》〟は、かがやかしいものばかりではありません。たとえば、環境問題《かんきょうもんだい》ひとつ考《かんが》えてもそうです。ほかにも人口問題《じんこうもんだい》、エネルギー問題《もんだい》、食糧問題《しょくりょうもんだい》など背負《せお》いきれるかどうかわからないほど多《おお》くの〝荷物《にもつ》〟があります。

日本《にほん》だけの問題《もんだい》でも、日本《にほん》はこれまで三十年間《ねんかん》、世界第《せかいだい》二位《い》の経済大国《けいざいたいこく》でしたが、間《ま》もなく中国《ちゅうごく》に抜《ぬ》かれ、第《だい》三位《い》になることが確実《かくじつ》です。これから先《さき》、世界《せかい》の構造《こうぞう》が変《か》わろうとしています。

また、日本《にほん》の借金《しゃっきん》が、とてつもなく大《おお》きくなっているということもあります。世界中《せかいじゅう》で日本《にほん》ほど借金《しゃっきん》まみれになっている国《くに》はありません。こうした国《くに》の借金《しゃっきん》も君《きみ》らの世代《せだい》がすべて受《う》け継《つ》がなくてはなりません。君《きみ》たちの世代《せだい》は、こうしたさまざまな〝荷物《にもつ》〟を次《つぎ》の社会《しゃかい》のにない手《て》として背負《せお》わなければならない世代《せだい》なのです。

実《じつ》をいうと、君《きみ》たちの将来《しょうらい》というのはそんなにかがやかしくないのではないか、苦労《くろう》ばかり多《おお》いかもしれない。そういう時代《じだい》の入《い》り口《ぐち》に君《きみ》たちは立《た》たされています。

十年後《ねんご》、君《きみ》たちが社会《しゃかい》の中心的《ちゅうしんてき》なにない手《て》になったときに、今《いま》よりさらに重《おも》い〝荷物《にもつ》〟を背負《せお》うことになるかどうかは、この十年《ねん》の間《あいだ》に日本《にほん》の社《しゃ》会《かい》、あるいは世界《せかい》がどう変《か》わっていくかにかかっています。

しかし、やがて君《きみ》らはそこへ出《で》ていかなければならない。そのためにはこの社会《しゃかい》が、現在《げんざい》どう動《うご》いているのか、これからどう変《か》わっていくのかを見《み》すえたうえで、これからの十年間《ねんかん》は、そこへ自分《じぶん》が出《で》ていくための自分《じぶん》づくりをしていく必要《ひつよう》があります。それをしていかなくては、君《きみ》たちの未《み》来《らい》はないのです。

それには勉強《べんきょう》が必要《ひつよう》です。しかし、学校秀才的《がっこうしゅうさいてき》な勉強《べんきょう》だけやっていても、正解《せいかい》のない問題《もんだい》に対応《たいおう》することはできません。学校《がっこう》の教科書《きょうかしょ》を使《つか》った勉強《べんきょう》だけでは足《た》りません。

もちろん、学校《がっこう》で教《おし》えてくれる勉強《べんきょう》も大切《たいせつ》なのですが、現実《げんじつ》の社会《しゃかい》ではそうした知識《ちしき》だけではどうにもならないこともあるのです。

鎖国《さこく》時代《じだい》に差《さ》し込《こ》んだ情報《じょうほう》のかすかな「光《ひかり》」

司馬遼太郎《しばりょうたろう》さんが書《か》かれた「洪庵《こうあん》のたいまつ」という作品《さくひん》に、次《つぎ》のような文章《ぶんしょう》があります。

鎖国《さこく》というのは、例《たと》えば、日本人全部《にほんじんぜんぶ》が真《ま》っ暗《くら》な箱《はこ》の中《なか》にいるようなものだったと考《かんが》えればいい。

鎖国《さこく》とは外国《がいこく》との通商《つうしょう》、交流《こうりゅう》を遮断《しゃだん》するという体制《たいせい》です。江戸時代《えどじだい》の日本《にほん》は、世界《せかい》でどんなことが起《お》こっているのか人々《ひとびと》はまったく知《し》らずに、情報《じょうほう》という面《めん》ではまさに真《ま》っ暗《くら》な闇《やみ》のなかにいるようなものでした。鎖国時《さこくじ》代《だい》の日本人《にほんじん》は、世界《せかい》というものをイメージすることができませんでした。

しかし、そんな日本《にほん》のなかにも世界《せかい》の情勢《じょうせい》をわずかながらも知《し》る人《ひと》たちがいました。長崎《ながさき》の出島《でじま》で、オランダ人《じん》や中国人《ちゅうごくじん》と交易《こうえき》をしていた一部《いちぶ》の人《ひと》たちです。貿易《ぼうえき》によって多《おお》くの物品《ぶっぴん》が入《はい》ってくるだけでなく、さまざまな情報《じょうほう》も出島《でじま》に入《はい》ってきていたのです。

特《とく》にオランダを通《つう》じて入《はい》ってきたヨーロッパ文明《ぶんめい》の知識《ちしき》を「蘭学《らんがく》」といいました。この蘭学《らんがく》をわずかな人《ひと》たちがネットワークをつくって伝《つた》えていました。ネットワークの大部分《だいぶぶん》を占《し》めていたのが、この時代《じだい》のお医者《いしゃ》さんたちでした。

徳川幕府《とくがわばくふ》は鎖国《さこく》によって外国《がいこく》からの知識《ちしき》を遮断《しゃだん》したのですが、医療技術《いりょうぎじゅつ》だけは導入《どうにゅう》したため、お医者《いしゃ》さんによる蘭学《らんがく》のネットワークが日本中《にほんじゅう》に広《ひろ》がっていったのです。蘭学《らんがく》が広《ひろ》まることによって、世《よ》の中《なか》に大変化《だいへんか》をきたすもとが生《しょう》じたのです。

緒方洪庵《おがたこうあん》の適塾《てきじゅく》

蘭学者《らんがくしゃ》のなかで、いちばん有名《ゆうめい》な人《ひと》が緒方洪庵《おがたこうあん》でした。緒方洪庵《おがたこうあん》は大坂《おおさか》で医者《いしゃ》となり診療《しんりょう》する一方《いっぽう》、塾《じゅく》を開《ひら》きました。その塾《じゅく》を「適塾《てきじゅく》」といいます。緒方洪庵《おがたこうあん》が開《ひら》いた適塾《てきじゅく》が、その後《ご》の日本《にほん》を大《おお》きく変《か》える役割《やくわり》を果《は》たすことになるのです。

適塾《てきじゅく》の門弟《もんてい》は一説《いっせつ》には三千人《ぜんにん》といわれています。三千人《ぜんにん》という門弟《もんてい》の数《かず》はたいへんな人数《にんずう》で、適塾《てきじゅく》は日本《にほん》でいちばん大《おお》きな蘭学塾《らんがくじゅく》でした。適塾《てきじゅく》で学《まな》んだ人《ひと》のなかには慶應義塾大学《けいおうぎじゅくだいがく》を創設《そうせつ》した福沢諭吉《ふくざわゆきち》や、明治《めいじ》になって陸《りく》軍《ぐん》をつくった大村益次郎《おおむらますじろう》などがいて、この二人《ふたり》は塾生《じゅくせい》の代表《だいひょう》である塾頭《じゅくとう》にもなりました。

適塾《てきじゅく》の勉強《べんきょう》はというと、塾《じゅく》にある海外《かいがい》の本《ほん》を読《よ》んでその中身《なかみ》を覚《おぼ》えたり、書《か》かれていることを実験《じっけん》したりと、今《いま》の学校《がっこう》のやり方《かた》とは少《すこ》しちがいます。

また、緒方洪庵《おがたこうあん》が適塾《てきじゅく》で行《おこな》った教《おし》え方《かた》にも特徴《とくちょう》がありました。それはひとりの先生《せんせい》が、壇上《だんじょう》からたくさんの生徒《せいと》に教《おし》えるという方法《ほうほう》ではなく、生《せい》徒《と》を学力《がくりょく》などでクラス分《わ》けをして、緒方洪庵自身《おがたこうあんじしん》はいちばん上《うえ》のクラスの生徒《せいと》にのみ直接教《ちょくせつおし》えます。そして、この生徒《せいと》がひとつ下《した》のクラスを教《おし》え、その生徒《せいと》がまたその下《した》のクラスを教《おし》えというふうに、いわば生徒《せいと》が先生《せんせい》になることで、より多《おお》くの生徒《せいと》を教育《きょういく》できるしくみをつくったのです。ですから、門弟三千人《もんていぜんにん》といわれていますが、洪庵自身《こうあんじしん》が教《おし》えたのは六百《ぴゃく》三十六人《にん》という記録《きろく》が残《のこ》っています。

適塾《てきじゅく》での勉強風景《べんきょうふうけい》

適塾《てきじゅく》には「ヅーフ部屋《べや》」というのがあって、この部屋《へや》にはオランダ語《ご》の辞書《じしょ》が置《お》かれていました。ヅーフというのは、長崎《ながさき》のオランダ商館長《しょうかんちょう》のヘンドリック・ヅーフという人《ひと》の名前《なまえ》からとられたもので、この辞書《じしょ》が保管《ほかん》された部屋《へや》に生徒《せいと》たちはいつも集《あつ》まってオランダ語《ご》の本《ほん》を読《よ》んでいました。今《いま》はだれもが辞書《じしょ》を持《も》っていますが、当時《とうじ》は辞書《じしょ》がたいへん高価《こうか》だったため、塾生《じゅくせい》たちがこれを書《か》き写《うつ》して売《う》り、月謝《げっしゃ》にしたということもあったようです。

塾《じゅく》での勉強《べんきょう》について、福沢諭吉《ふくざわゆきち》が塾生時代《じゅくせいじだい》の生活《せいかつ》を記《しる》しています。それによると、当時《とうじ》、塾《じゅく》には三十〜五十人《にん》の塾生《じゅくせい》が入《はい》ったり出《で》たりしていたようで、塾生《じゅくせい》たちは三十畳《じょう》ぐらいの大《おお》きな部屋《へや》で共同生活《きょうどうせいかつ》をしていました。一人当《ひとりあ》たり畳《たたみ》一畳《じょう》ぐらいの広《ひろ》さのところに机《つくえ》と身《み》の回《まわ》りの品《しな》を置《お》き、寝起《ねお》きも、勉強《べんきょう》もしていました。

また、オランダ語《ご》の原書《げんしょ》を見《み》ながらアンモニアをつくる実験《じっけん》をしたときには、臭《にお》いがあまりにひどいため淀川《よどがわ》に船《ふね》を浮《う》かべ、移動《いどう》しながら行《おこな》ったことなど、苦労《くろう》をしながら、少《すこ》しでも西洋《せいよう》に追《お》いつくために勉強《べんきょう》をしていた塾生《じゅくせい》たちの姿《すがた》が描《えが》かれています。

江戸時代《えどじだい》の末期《まっき》、長崎《ながさき》の出島《でじま》に入《はい》ってくるほんの少《すこ》しの知識《ちしき》を手《て》がかりに必死《ひっし》に勉強《べんきょう》していたことがわかります。そして、こうして知識《ちしき》を身《み》につけた人《ひと》たちが中心《ちゅうしん》となって明治維新《めいじいしん》が起《お》こり、近代日本《きんだいにほん》が築《きず》かれていくわけです。

第《だい》二の鎖国時代《さこくじだい》だった昭和《しょうわ》のはじめ

江戸時代《えどじだい》の鎖国《さこく》という側面《そくめん》から話《はなし》をしてきましたが、それ以後《いご》にも別《べつ》の意味《いみ》の鎖国《さこく》の時代《じだい》というのがありました。それは昭和《しょうわ》の、第二次世界大戦《だいじせかいたいせん》前《まえ》から戦争中《せんそうちゅう》にかけての時代《じだい》です。

この時代《じだい》の日本人《にほんじん》は、外国語《がいこくご》の本《ほん》を読《よ》んだり、外国《がいこく》の放送《ほうそう》を聞《き》いたりしただけで周囲《しゅうい》から非難《ひなん》されてしまい、外国《がいこく》の知識《ちしき》を吸収《きゅうしゅう》することができませんでした。日本人全体《にほんじんぜんたい》が外国《がいこく》の情報《じょうほう》からまったく遮断《しゃだん》された鎖国状態《さこくじょうたい》にあったのです。

しかし、この時代《じだい》にも、江戸時代《えどじだい》の長崎《ながさき》の出島《でじま》のようにほんのちょっとだけ外国《がいこく》の情報《じょうほう》が入《はい》ってくる窓《まど》がありました。それは短波放送《たんぱほうそう》でした。そのため当時《とうじ》の政府《せいふ》は、短波放送《たんぱほうそう》を聞《き》くことや、短波《たんぱ》のラジオそのものを禁《きん》止《し》にしてしまいます。それでもごく一部《いちぶ》の人《ひと》たちは短波放送《たんぱほうそう》を聞《き》いていました。

そのなかのひとりが昭和天皇《しょうわてんのう》でした。昭和天皇《しょうわてんのう》は、英語教育《えいごきょういく》をきちんと受《う》けていたため、英語《えいご》を聞《き》き取《と》ることができました。政府《せいふ》も天皇《てんのう》に短波《たんぱ》ラジオを聞《き》いちゃダメだとはいえない。だから、昭和天皇《しょうわてんのう》は短波放送《たんぱほうそう》の情報《じょうほう》から世界情勢《せかいじょうせい》や日本《にほん》が戦争《せんそう》に負《ま》けつつあるという状況《じょうきょう》を知《し》っていたのです。このことは戦後《せんご》になってわかったことで、記録《きろく》にも残《のこ》っています。

短波放送《たんぱほうそう》の情報《じょうほう》があったからこそ、昭和天皇《しょうわてんのう》は戦争《せんそう》をやめるという決断《けつだん》ができました。第二《だいに》の鎖国時代《さこくじだい》も短波放送《たんぱほうそう》という小《ち》さな窓《まど》を通《つう》じて、日本《にほん》に情報《じょうほう》が入《はい》ってきていたのです。

今《いま》、第《だい》三の鎖国時代《さこくじだい》がはじまろうとしている

このように歴史《れきし》を見《み》ていくなかで、僕《ぼく》が強《つよ》く感《かん》じていることは、今《いま》の日本《にほん》は第《だい》三の鎖国時代《さこくじだい》に入《はい》っているのかもしれないということです。それはどういうことかというと、今《いま》はテレビやインターネットを通《とお》して世界中《せかいじゅう》の情報《じょうほう》をいつでもほしいだけ手《て》に入《い》れることができます。しかし、今《いま》の日本《にほん》人《じん》は世界《せかい》の情勢《じょうせい》に無関心《むかんしん》で、世界《せかい》の流《なが》れに対《たい》して自分《じぶん》から耳《みみ》をふさいでいるように感《かん》じられるのです。つまり、世界《せかい》でなにが起《お》きていようと自分《じぶん》たちは知《し》らない、関係《かんけい》ないよ、といったように……。こうした考《かんが》えをもった人《ひと》たちが日本《にほん》の社会《しゃかい》でどんどん増《ふ》えているのではないでしょうか。

今《いま》はなにをするにも自由《じゆう》で、だれもがパスポートを手《て》に入《い》れて外国《がいこく》へ行《い》

けます。テレビやインターネットを通《つう》じていくらでも外国《がいこく》の情報《じょうほう》を手《て》に入《い》れることができます。しかし、今《いま》の人《ひと》たちはそれを利用《りよう》しないで閉《と》じこもった世界《せかい》のなかで満足《まんぞく》しているように思《おも》えるのです。実際《じっさい》に日本《にほん》から海外《かいがい》に留学《りゅうがく》する人《ひと》も減《へ》ってきています。僕《ぼく》はこうした第《だい》三の鎖国《さこく》という状態《じょうたい》になりつつあることがとても恐《おそ》ろしいことだと感《かん》じています。

「英語力《えいごりょく》」「IT力《りょく》」「情報力《じょうほうりょく》」で第《だい》三の鎖国《さこく》を防《ふせ》ぐ

これを変《か》えるために必要《ひつよう》なことは、「英語力《えいごりょく》」と「IT力《りょく》」をつけるということです。一言《ひとこと》でいえばコンピュータでインターネットに接続《せつぞく》して自分《じぶん》でどんどん情報《じょうほう》をとるということです。

日本《にほん》はインターネットの普及率《ふきゅうりつ》が、世界《せかい》の国々《くにぐに》のなかでもトップクラスです。でも、ほとんどの人《ひと》が日本語《にほんご》のページしか見《み》ていません。英語《えいご》のページと日本語《にほんご》のページでは、天《てん》と地《ち》ほどの情報量《じょうほうりょう》の差《さ》があります。日本語《にほんご》のページしか見《み》ていない人《ひと》は、英語《えいご》の膨大《ぼうだい》な世界《せかい》を見《み》ていないわけです。

これは日本人《にほんじん》の英語力《えいごりょく》が実践的《じっせんてき》になっていないからです。だから、君《きみ》たちには英語力《えいごりょく》とIT力《りょく》を身《み》につけてほしいと思《おも》っています。

これがあればインターネットの検索《けんさく》を使《つか》いこなし、ほしい情報《じょうほう》を世界中《せかいじゅう》から集《あつ》めることができます。この二つの能力《のうりょく》があればいつでも世界《せかい》にリンクしている自分《じぶん》をつくることができるのです。

英語力《えいごりょく》とIT力《りょく》に加《くわ》えて、もう一つ重要《じゅうよう》なものがあります。

それは「情報力《じょうほうりょく》」です。情報力《じょうほうりょく》とは、情報《じょうほう》が正《ただ》しい内容《ないよう》か、その情報《じょうほう》を解釈《かいしゃく》する能力《のうりょく》です。

昭和《しょうわ》のはじめの「第《だい》二の鎖国時代《さこくじだい》」、当時《とうじ》の日本人《にほんじん》は短波《たんぱ》ラジオで外国《がいこく》語《ご》の放送《ほうそう》を聞《き》いていても、流《なが》されている情報《じょうほう》を正《ただ》しく解釈《かいしゃく》することがほとんどできませんでした。ラジオを聞《き》いても、「これは敵《てき》がだまそうとしている放送《ほうそう》だ」という読《よ》み取《と》り方《かた》しかできなかったんですね。つまり、当時《とうじ》の日本人《にほんじん》はせっかく情報《じょうほう》を得《え》ても、世界《せかい》でなにが起《お》きているのかというのがわからなかったのです。

そういう意味《いみ》からも情報《じょうほう》を正《ただ》しく解釈《かいしゃく》して、どう行動《こうどう》しなければならないのかという、状況判断能力《じょうきょうはんだんのうりょく》を身《み》につける必要《ひつよう》があります。これを身《み》につけるのも学校《がっこう》の勉強《べんきょう》だけでは足《た》りません。もっと広《ひろ》い範囲《はんい》での学習《がくしゅう》が必要《ひつよう》です。そのためにはいつもさまざまな情報《じょうほう》を手《て》に入《い》れて、それぞれを比較《ひかく》して本質《ほんしつ》を見極《みきわ》める力《ちから》をつける必要《ひつよう》があります。

いい方《かた》を変《か》えると、「今《いま》、世界《せかい》でなにが起《お》きているか」「今《いま》、世界《せかい》はどう変《か》わりつつあるのか」「この変化《へんか》し続《つづ》ける世界《せかい》のなかで日本《にほん》はどうすればよいのか」「そこで自分《じぶん》はどうすればよいのか」ということを常《つね》に考《かんが》えることが大切《たいせつ》なのです。

緒方洪庵《おがたこうあん》から学《まな》ぶこととは？

君《きみ》たちは、今《いま》、学校《がっこう》に行《い》っていますが、学校《がっこう》は社会《しゃかい》へ出《で》るまでの助走《じょそう》路《ろ》、準備期間《じゅんびきかん》です。学校生活《がっこうせいかつ》のなかで、自分《じぶん》たちが社会《しゃかい》に出《で》たときにどう生《い》きていくかの術《すべ》を身《み》につけなくてはなりません。

緒方洪庵《おがたこうあん》の時代《じだい》、福沢諭吉《ふくざわゆきち》をはじめとする適塾《てきじゅく》の塾生《じゅくせい》たちは、真《ま》っ暗闇《くらやみ》のなかにかすかに差《さ》し込《こ》んだ情報《じょうほう》の光《ひかり》をもとにこうした能力《のうりょく》を身《み》につけ、のちの明治維新《めいじいしん》によって新《あたら》しい日本《にほん》をつくりました。

君《きみ》たちは、こうした人《ひと》たちがつくった日本《にほん》というたいまつを受《う》け継《つ》ぐ第《だい》一歩《ぽ》を、今《いま》、踏《ふ》み出《だ》そうとしています。十年後《ねんご》、二十年後《ねんご》には、君《きみ》たちが中心《ちゅうしん》になって、この日本全体《にほんぜんたい》を引《ひ》き受《う》けなければならないのです。いわば二十一世紀《せいき》の日本《にほん》の進《すす》む方向《ほうこう》を決《き》めていく、そういう世代《せだい》なのです。

そして、君《きみ》たちは二十二世紀《せいき》のにない手《て》たちを目《め》の前《まえ》に置《お》く年代《ねんだい》です。各世代《かくせだい》はその十年後《ねんご》、百年後《ひゃくねんご》の日本《にほん》、あるいは二百年後《ひゃくねんご》の日本《にほん》というものをリレー式《しき》に次《つぎ》の世代《せだい》に渡《わた》していかなければならないわけです。そういう社会《しゃかい》のにない手《て》の第《だい》一歩《ぽ》を君《きみ》たちは今踏《いまふ》み出《だ》しつつある。そのとき、適塾《てきじゅく》の人《ひと》たち、それをつくった緒方洪庵《おがたこうあん》から学《まな》ぶべきことがたくさんあると思《おも》います。

司馬遼太郎の本

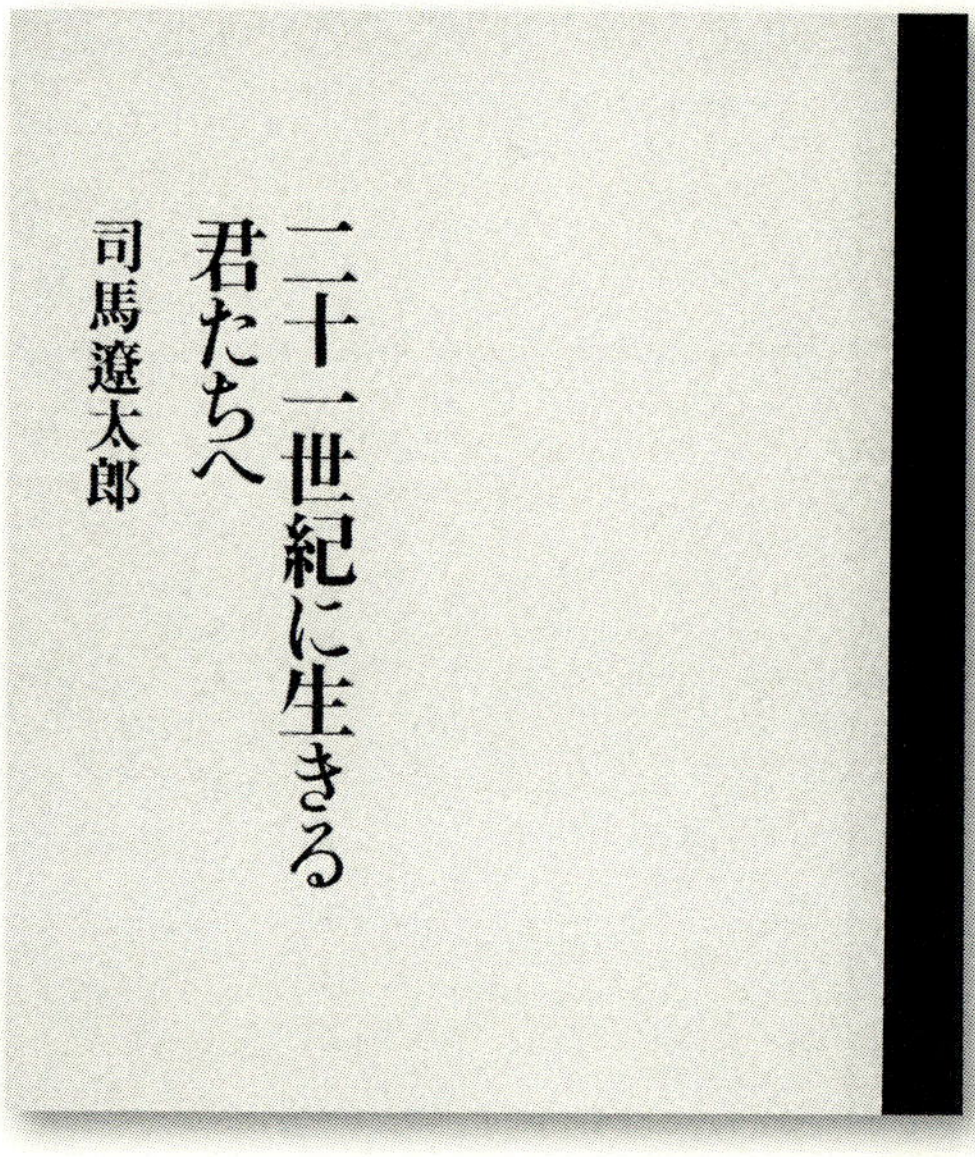

『二十一世紀に生きる君たちへ』

21世紀《せいき》をになう子《こ》どもたちにたくす思《おも》いやメッセージを司馬遼太郎氏《しばりょうたろうし》がまとめたもの。また、「学《まな》ぶ」ことの大切《たいせつ》さを緒方洪庵《おがたこうあん》の姿《すがた》を通《つう》じて伝《つた》えようとした「洪庵《こうあん》のたいまつ」も所収《しょしゅう》されている。

司馬遼太郎記念館 1050円
http://www.shibazaidan.or.jp/

※『司馬遼太郎が考えたこと14』新潮文庫　740円、
『十六の話』中公文庫　900円　にも収載されています。

歴史《れき》史《し》上《じょう》の人《ひと》びとは、僕《ぼく》らの友《とも》だちだ

〜思《おも》いをありのままに伝《つた》える人《ひと》・正岡子規《まさおかしき》

関川夏央
Sekikawa Natsuo

関川夏央　せきかわ・なつお

作家《さっか》、評論家《ひょうろんか》。一九四九（昭和《しょうわ》二十四）年《ねん》、新潟《にいがた》県《けん》生《う》まれ。上智《じょうち》大学外国語学部《だいがくがいこくごがくぶ》中退《ちゅうたい》。神戸《こうべ》女学院《じょがくいん》大学特別客員教授《だいがくとくべつきゃくいんきょうじゅ》。主《おも》な著書《ちょしょ》に『ソウルの練習問《れんしゅうもん》題《だい》』、『海峡《かいきょう》を越《こ》えたホームラン』（第《だい》七回講談社《かいこうだんしゃ》ノンフィクション賞《しょう》）、『「坊《ぼ》っちゃん」の時代《じだい》』（共著《きょうちょ》／第《だい》二回手塚治虫文化賞《かいてづかおさむぶんかしょう》）、『昭和《しょうわ》が明《あか》るかった頃《ころ》』（第《だい》十九回講談社《かいこうだんしゃ》エッセイ賞《しょう》）、『「世界《せかい》」とはいやなものである』『現代短歌《げんだいたんか》 そのこころみ』『寝台急行《しんだいきゅうこう》「昭和《しょうわ》」行《いき》』『「坂《さか》の上《うえ》の雲《くも》」と日本人《にっぽんじん》』などがある。二〇〇一年《ねん》、「明治以降《めいじいこう》の日本人《にほんじん》と、彼《かれ》らが生《い》きた時代《じだい》を捉《とら》えた幅広《はばひろ》い表現活動《ひょうげんかつどう》」により、第《だい》四回司馬《かいしば》遼太郎賞受賞《りょうたろうしょうじゅしょう》。

子規《しき》が考《かんが》えた「写生《しゃせい》」とは？

正岡子規《まさおかしき》は、俳句《はいく》、短歌《たんか》、小説《しょうせつ》などさまざまな日本《にほん》の現代文学《げんだいぶんがく》に影響《えいきょう》を与《あた》えた人《ひと》です。子規《しき》は、俳句《はいく》や短歌《たんか》などに「写生《しゃせい》」という考《かんが》え方《かた》を持《も》ち込《こ》み、一般《いっぱん》の人《ひと》が身近《みぢか》に楽《たの》しめるように、また一般《いっぱん》の人《ひと》が誰《だれ》でも書《か》けるように、日本語《にほんご》を切《き》り開《ひら》いた人《ひと》だともいえます。

では、子規《しき》のいう写生《しゃせい》とはどんなことなのでしょうか？

＊

柿《かき》くへば鐘《かね》が鳴《な》るなり法隆寺《ほうりゅうじ》

＊

子規《しき》の、よく知《し》られた俳句《はいく》のひとつです。

この句《く》には、「柿《かき》」「鐘《かね》の音《ね》」「法隆寺《ほうりゅうじ》」という、一見関係《いっけんかんけい》なさそうな三つの言葉《ことば》が入《はい》っています。でも、ばらばらな感《かん》じの三つの言葉《ことば》を、あえてひとつの俳句《はいく》のなかに投《な》げ入《い》れてぶつけてみると、まったく新《あたら》しいイメージがわいてくる——そんな日本語《にほんご》の感覚《かんかく》を、子規《しき》は「写生《しゃせい》」と名《な》づけたのだと僕《ぼく》は思《おも》います。

また、子規《しき》の短歌《たんか》には次《つぎ》のようなものがあります。

＊

十四日《か》お昼《ひる》すぎより歌《うた》をよみにわたくし内《うち》へおいでくだされ

＊

「十四日《か》のお昼《ひる》から歌《うた》の会《かい》をやるが、自分《じぶん》は寝《ね》たきりだけどみんな来《き》てくれよ」という、実用《じつよう》だけの歌《うた》です。簡単《かんたん》にいってしまうと、子規《しき》は短歌《たんか》や詩《し》というものは、型《かた》ではないし、気取《きど》って歌《うた》ったりするものではないと思《おも》っていたのでした。

文学《ぶんがく》は、本来実用的《ほんらいじつようてき》なものだから、昔《むかし》の名歌《めいか》を下敷《したじ》きにしたり、修辞的《しゅうじてき》なテクニックなどを使《つか》わなくてもいい。つまり「教養《きょうよう》」がなくても文学《ぶんがく》に参加《さんか》できるし、そういう人《ひと》が参加《さんか》した日本語表現《にほんごひょうげん》が文学《ぶんがく》なのだ。それが子《し》規《き》という人《ひと》の基本《きほん》スタンスなのです。こういうことをはっきりいったのは、百《ひゃく》十年前《ねんまえ》の子規《しき》がはじめてでした。

テクニックよりも、普通《ふつう》の人《ひと》がわかる日本語《にほんご》で

では、子規《しき》が登場《とうじょう》する以前《いぜん》の短歌《たんか》や俳句《はいく》の世界《せかい》は、どのようだったのでしょうか。

次《つぎ》の歌《うた》を見《み》てください。

＊

花《はな》の色《いろ》は　うつりにけりな　いたづらに　わが身世《みよ》にふる　ながめせしまに

＊

これは有名《ゆうめい》な歌人《かじん》で同時《どうじ》に、絶世《ぜっせい》の美人《びじん》といわれた、小野小町《おののこまち》が千《せん》五十年《ねん》くらい前《まえ》に詠《よ》んだ歌《うた》です。

歌《うた》の意味《いみ》をいうと、「花《はな》の色《いろ》が褪《あ》せるように、自分《じぶん》もいつの間《ま》にか老《お》いて、若《わか》いときの美貌《びぼう》も衰《おとろ》えてしまった」という感《かん》じでしょうか。

でも、現代《げんだい》に生《い》きる僕《ぼく》たちがこの歌《うた》をぱっと見《み》て、すんなりと読《よ》んで、その意味《いみ》を把握《はあく》して味《あじ》わうのはなかなかむずかしい。なぜなら、この歌《うた》にはいろいろなテクニックが隠《かく》されているからです。

たとえば、「わが身世《みよ》にふる」の「ふる」という言葉《ことば》は、「古《ふる》くなっていく」、つまり自分《じぶん》が年老《としお》いていくという意味《いみ》の「ふる」と、「ながめせしまに」の「ながめ（ながあめ＝長雨《ながあめ》）」が「降《ふ》る」の「ふる」を兼《か》ねたものです。

このように、ひとつの言葉《ことば》に複数《ふくすう》の意味《いみ》をもたせたものを「掛詞《かけことば》」といいます。古《ふる》くは、こうしたテクニックを駆使《くし》した歌《うた》を「上手《じょうず》な歌《うた》」としました。でも、誰《だれ》もが使《つか》いこなせるわけではありません。子規《しき》は、このような技巧《ぎこう》は必要《ひつよう》ない、といったのです。

もちろん子規《しき》は、古《ふる》いものが全部《ぜんぶ》ダメだといっているわけではありません。子規《しき》が活動《かつどう》した明治《めいじ》二十年代《ねんだい》から三十年代《ねんだい》にかけては、西洋《せいよう》からいろいろなものが入《はい》った時期《じき》です。日本《にほん》はかわりました。それは結構《けっこう》だけれど、その一方《いっぽう》でこれまでの日本的《にほんてき》なものはどこにいってしまうのか、日本《にほん》の文《ぶん》化《か》はどうなってしまうのか、と子規《しき》は不安《ふあん》に思《おも》ったのでしょう。日本《にほん》には俳句《はいく》や短歌《たんか》があるけれど、昔《むかし》ながらの技巧《ぎこう》に走《はし》った俳句《はいく》や短歌《たんか》では、みんなが参加《さんか》できない。みやびな言葉《ことば》も技巧《ぎこう》も重要《じゅうよう》だけれど、現代《げんだい》人《じん》（明治時代《めいじじだい》の人《ひと》たち）が日常使《にちじょうつか》っている日本語《にほんご》で俳句《はいく》や短歌《たんか》をつくったほうがいいのではないか。

こうしてみると、子規《しき》の試《こころ》みはそれほどわかりにくいことではありません。目《め》の前《まえ》の情景《じょうけい》を表現《ひょうげん》するのに適切《てきせつ》な、普通《ふつう》の日本語《にほんご》を選《えら》ぶ。それらの言葉《ことば》のぶつかりあいが新《あたら》しいイメージをつくり出《だ》す。それが子規《しき》のいう「写生《しゃせい》」です。できるだけ平易《へいい》に、また客観的《きゃっかんてき》に、冷静《れいせい》な思《おも》いを盛《も》りこんだ世界《せかい》一短《みじか》い詩《し》、それが俳句《はいく》や短歌《たんか》だと、子規《しき》は考《かんが》えたのです。

子規《しき》の文章《ぶんしょう》に見《み》える明治《めいじ》三十年代《ねんだい》の東京《とうきょう》

子規《しき》が、明治《めいじ》三十二（一八九九）年《ねん》七月《がつ》のある夜《よる》のことを書《か》いた短《みじか》い文《ぶん》章《しょう》です。

＊

午後《ごご》十時《じ》より十一時迄《じまで》
下《くだ》り列車通《れっしゃとお》る。
単行《たんこう》の汽罐車《きかんしゃ》、笛《ふえ》を鳴《な》らし鳴《な》らし、今度《こんど》は下《くだ》って往《い》った。間《ま》も無《な》く上《のぼ》り列車《れっしゃ》が来《き》た。
上野停車場《うえのていしゃば》の構内《こうない》で、汽罐車《きかんしゃ》が湯《ゆ》を吐《は》きながら進行《しんこう》を始《はじ》める音《おと》が聞《きこ》える。
蛙《かえる》の声《こえ》が次第《しだい》に高《たか》くなる。

遠《とお》くに犬《いぬ》が頻《しき》りに吠《ほ》える。

門前《もんぜん》の犬《いぬ》吠《ほ》え出《だ》す。

又水汲《またみずく》みに来《き》た。

東隣《ひがしどなり》では雨戸《あまど》をしめる。

(中略《ちゅうりゃく》)

鼠《ねずみ》の音一度《おといちど》聞《き》きしのみ。そよとの風《かぜ》も吹《ふ》かず。犬《いぬ》の遠吠《とおぼえ》もせず。動物園《どうぶつえん》のうなり声《ごえ》も聞《きこ》えず。夜一夜《よるいちや》騒《さわ》ぐ鶉《うずら》も鼠《ねずみ》も此夜《このよ》は騒《さわ》がず。梅雨中《つゆなか》の静《しず》かさ、此時星《このときほし》の飛《と》ぶもあるべし。

＊

子規《しき》の病気《びょうき》、結核菌《けっかくきん》が腰骨《こしぼね》を腐《くさ》らせる病気《びょうき》は、年々悪《ねんねんわる》くなっていきました。三十歳《さい》のとき、歩《ある》くことができなくなりました。やがて机《つくえ》の前《まえ》に座《すわ》ることもままならなくなり、この明治《めいじ》三十二年《ねん》、三十二歳《さい》のときには寝《ね》たきりの状態《じょうたい》になっています。

子規《しき》が暮《く》らしていた子規庵《しきあん》は、東京《とうきょう》の上野駅《うえのえき》に近《ちか》い根岸《ねぎし》にあります。線《せん》路《ろ》のすぐそばで、機関車《きかんしゃ》（この当時《とうじ》はＳＬ）がとおると、その音《おと》がとてもよく聞《き》こえました。

夜《よる》十時《じ》から十一時《じ》の間《あいだ》に「下《くだ》り列車通《れっしゃとお》る」とあるのは、上野《うえの》から東北方《とうほくほう》面《めん》に向《む》かう列車《れっしゃ》で、「単行《たんこう》の機関車《きかんしゃ》」というのは、客車《きゃくしゃ》や貨車《かしゃ》をつないでいない蒸気機関車《じょうききかんしゃ》一両《りょう》だけのことです。上野駅《うえのえき》の停車場《ていしゃば》にいた機関車《きかんしゃ》が「湯《ゆ》を吐《は》きながら」、つまりシュッシュッシュッシュッと蒸気《じょうき》を出《だ》しながら走《はし》り出《だ》す音《おと》も届《とど》きました。

「遠《とお》くに犬《いぬ》が頻《しき》りに吠《ほ》える。門前《もんぜん》の犬吠《いぬほ》え出《だ》す」とは、子規庵《しきあん》のあった根《ね》岸《ぎし》という町全体《まちぜんたい》の夜《よる》の様子《ようす》です。「又水汲《またみずく》みに来《き》た。東隣《ひがしどなり》では雨戸《あまど》をしめる」のは、隣家《りんか》の生活騒音《せいかつそうおん》です。今《いま》も子規庵《しきあん》の裏庭《うらにわ》に井戸《いど》の跡《あと》がありますが、近所《きんじょ》の人《ひと》たちはみなそこの水《みず》を使《つか》い、井戸端《いどばた》で会《あ》えば世間話《せけんばなし》をしました。子規《しき》は、自分《じぶん》が二度《ど》と参加《さんか》できない日常生活《にちじょうせいかつ》をいとおしんでいます。

真夜中《まよなか》には、ごそごそネズミが動《うご》きまわる音《おと》以外《いがい》、なにも聞《き》こえない。そよとも風《かぜ》の吹《ふ》かない、むし暑《あつ》い夜《よる》でした。子規庵《しきあん》からそれほど離《はな》れていない上野動物園《うえのどうぶつえん》の、虎《とら》とかライオンが吠《ほ》える声《こえ》がいつもは聞《き》こえてくるのですが、その夜《よ》は静《しず》かでした。そんな夜更《よふ》け、寝《ね》たきりで外《そと》を眺《なが》めることもできない子規《しき》は、夜空《よぞら》には流《なが》れ星《ぼし》も飛《と》んでいるのだろう（「此時星《このときほし》の飛《と》ぶもあるべし」）と想像《そうぞう》します。

こうしてちゃんと読《よ》んでみると、ひとつひとつの文《ぶん》はかんたんで短《みじか》く、だれにも書《か》けそうです。でも、当《あ》たり前《まえ》の言葉《ことば》のつらなりが、明治時代《めいじじだい》の梅雨時《つゆどき》の東京《とうきょう》の夜《よる》の感《かん》じを、たしかにつたえてきます。

時代《じだい》とともに日本語《にほんご》を変《か》える

この散文詩《さんぶんし》のような文章《ぶんしょう》を子規《しき》は、病床《びょうしょう》に聞《き》こえた音《おと》だけを材料《ざいりょう》に書《か》きました。写生《しゃせい》とは、見《み》えなくてもできるのです。音《おと》から想像《そうぞう》した光景《こうけい》や、自分《じぶん》のまわりのありさまを、文章的《ぶんしょうてき》な気《き》どりともったいつけを抜《ぬ》きに、素《す》直《なお》につたえればよいのです。

先《さき》ほど紹介《しょうかい》した小野小町《おののこまち》のような歌人《かじん》たちの技巧《ぎこう》はすごいけれど、むずかしすぎる。普通《ふつう》の人《ひと》が、ものごとや心情《しんじょう》を普通《ふつう》に言語化《げんごか》してつたえられないのではおもしろくない。言語《げんご》はあくまでも実用《じつよう》に供《きょう》するものであるはずだ。

昔《むかし》ながらの技巧《ぎこう》を使《つか》える人《ひと》は使《つか》って歌《うた》えばよい。でも、それができないからといって、俳句《はいく》や短歌《たんか》、文章《ぶんしょう》をつくることをあきらめないでほしい。百年《ひゃくねん》あまり前《まえ》に死《し》んだ子規《しき》が、今《いま》生《い》きている君《きみ》たちにつたえようとしたのはそういうことです。

たとえば手紙《てがみ》にしても、昔《むかし》は、「日増《ひま》しに春《はる》らしくなってまいりました」とか、「落葉《おちば》の季節《きせつ》となりました」といった時候《じこう》のあいさつを最初《さいしょ》にいれたものです。それは、人間関係《にんげんかんけい》に慎重《しんちょう》であるための社会的《しゃかいてき》決《き》めごとですが、一方《いっぽう》で、文章《ぶんしょう》というのは相手《あいて》に用件《ようけん》と意思《いし》がつたわればいい、という考《かんが》えがあります。その用件《ようけん》や意思《いし》をわかりやすく、また率直《そっちょく》に書《か》くことも、子《し》規《き》のいう写生《しゃせい》という方法《ほうほう》なのだと僕《ぼく》は思《おも》うのです。

子規《しき》は、日本語《にほんご》の文章《ぶんしょう》でも詩《し》でも、もちろん俳句《はいく》や短歌《たんか》でも、限《かぎ》られた人《ひと》のものであってはならないし、同時《どうじ》にそれらは、外国語《がいこくご》に翻訳可能《ほんやくかのう》なものでなければならないと考《かんが》えました。写生《しゃせい》は、やむを得《え》ず世界化《せかいか》する日本《にほん》

という国《くに》の、国語《こくご》の書《か》き言葉《ことば》はどのようなものであった方《ほう》がよいのかとい
う、当時《とうじ》の文学者《ぶんがくしゃ》たちが立《た》てた問《と》いの、ひとつの回答《かいとう》でもあったのです。

正岡子規《まさおかしき》と夏目漱石《なつめそうせき》

子規《しき》の友《とも》だちに夏目漱石《なつめそうせき》がいました。子規《しき》と漱石《そうせき》は、同《おな》じ大学予備門《だいがくよびもん》
（現在《げんざい》の大学前期課程《だいがくぜんきかてい》）の同級生《どうきゅうせい》でした。
子規《しき》は、東京大学《とうきょうだいがく》を退学《たいがく》したあと、新聞記者《しんぶんきしゃ》になって日清戦争取材《にっしんせんそうしゅざい》を
志《こころざ》し、その帰《かえ》りの船《ふね》で、結核《けっかく》のため大量《たいりょう》の血《ち》を吐《は》きます。一時《いちじ》は危篤状《きとくじょう》
態《たい》となったのですが、なんとか脱《だっ》し、神戸《こうべ》で療養《りょうよう》したのち、生《う》まれ故郷《こきょう》の
松山《まつやま》に帰《かえ》ります。ちょうどそのころ漱石《そうせき》は、松山《まつやま》の中学校《ちゅうがっこう》（現在《げんざい》の高等学《こうとうがっ》

校《こう》）の教師《きょうし》として赴任《ふにん》していました。子規《しき》は自分《じぶん》の実家《じっか》ではなく、漱石《そうせき》の下宿《げしゅく》に居候《いそうろう》しながら養生《ようじょう》します。

漱石《そうせき》は下宿《げしゅく》の一階《かい》を子規《しき》に譲《ゆず》って自分《じぶん》は二階《かい》に上《あ》がり、二か月《げつ》ほどの間《あいだ》、いっしょに暮《く》らしました。このときの子規《しき》は、松山《まつやま》の友《とも》だちを大勢《おおぜい》集《あつ》めて、連日《れんじつ》下宿《げしゅく》で俳句《はいく》の会《かい》を開《ひら》きました。俳句好《はいくず》きということはむろんありますが、さびしかったのでしょう。子規《しき》は、とても人好《ひとず》きで、おしゃべりな人《ひと》でした。

もともと俳句《はいく》には興味《きょうみ》のなかった漱石《そうせき》ですが、あまり階下《かいか》がにぎやかなので、句会《くかい》に参加《さんか》するようになり、やがて俳句《はいく》に熱中《ねっちゅう》します。

その漱石《そうせき》は、こんな句《く》を詠《よ》みました。

*

叩《たた》かれて 昼《ひる》の蚊《か》を吐《は》く 木魚《もくぎょ》かな

＊

お坊《ぼう》さんがお経《きょう》を読《よ》みながら木魚《もくぎょ》を叩《たた》いたら、中《なか》にいた蚊《か》が驚《おどろ》いて出《で》てきた。情景《じょうけい》を思《おも》い浮《う》かべると、つい笑《わら》ってしまうようなおもしろい句《く》ですね。漱石《そうせき》は、おかしさも含《ふく》めて俳句《はいく》だということが感覚的《かんかくてき》にわかっていた人《ひと》でした。

漱石《そうせき》からの手紙《てがみ》を待《ま》ち暮《く》らした子規《しき》

その後《ご》、漱石《そうせき》は熊本《くまもと》の第《だい》五高等学校《こうとうがっこう》（現在《げんざい》の熊本大学《くまもとだいがく》）で四年半《ねんはん》教《おし》えてから、イギリスに留学《りゅうがく》します。

ロンドンの漱石《そうせき》が子規《しき》に出《だ》した手紙《てがみ》を紹介《しょうかい》しましょう。

＊

僕《ぼく》の下宿《げしゅく》は東京《とうきょう》でいえば先《ま》ず深川《ふかがわ》だね。橋向《はしむこ》うの場末《ばすえ》さ。下宿料《げしゅくりょう》が安《やす》いから、かかる不景気《ふけいき》な処《ところ》に暫《しばら》く——じゃないつまり在英中《ざいえいちゅう》は始終蟄息《しじゅうちっそく》して居《い》るのだ。その代《かわ》り下町《したまち》へは滅多《めった》に出《で》ない。一週《しゅう》に一、二度出《どで》るばかりだ。出《で》るとなると厄介《やっかい》だ。先《ま》ず「ケニントン」という処《ところ》まで十五分《ふん》ばかり歩行《ある》いてそれから地下電気《ちかでんき》で以《もっ》て「セームズ」川《かわ》の底《そこ》を通《とお》って、それから汽車《きしゃ》を乗換《のりか》えていわゆる「ウェスト、エンド」辺《あたり》に行《い》くのだ。

＊

下町《したまち》はダウンタウン（中心街《ちゅうしんがい》）、地下電気《ちかでんき》は地下鉄《ちかてつ》、セームズ川《かわ》はテームズ川《がわ》のことで、より現地音《げんちおん》に近《ちか》づけた書《か》きかたです。

この手紙《てがみ》を見《み》てもわかるように、漱石《そうせき》の文章《ぶんしょう》はとても読《よ》みやすい。現代人《げんだいじん》が書《か》いたようです。

一方《いっぽう》、子規《しき》から漱石《そうせき》への手紙《てがみ》は、こんなふうでした。

＊

僕《ぼく》はもーだめになってしまった。毎日訳《まいにちわけ》もなく号泣《ごうきゅう》して居《い》るような次第《しだい》だ。それだから新聞雑誌《しんぶんざっし》へも少《すこ》しも書《か》かぬ。手紙《てがみ》は一切廃止《いっさいはいし》。それだから御無沙汰《ごぶさた》してすまぬ。今夜《こんや》は、ふと思《おも》いついて特別《とくべつ》に手紙《てがみ》をかく。いつかよこしてくれた君《きみ》の手紙《てがみ》は非常《ひじょう》に面白《おもしろ》かった。近来僕《きんらいぼく》を喜《よろこ》ばせた者《もの》の随一《ずいいち》だ。僕《ぼく》が昔《むかし》から西洋《せいよう》を見《み》たがって居《い》たのは君《きみ》も知《し》ってるだろー。それが病人《びょうにん》になってしまったのだから残念《ざんねん》でたまらないのだが、君《きみ》の手紙《てがみ》を見《み》て西洋《せいよう》へ往《いっ》たような気《き》になって愉快《ゆかい》でたまらぬ。もし書《か》けるなら僕《ぼく》の目《め》の明《あ》いてる内《うち》に今一便《いまいちびん》よこしてくれぬか。

＊

「僕《ぼく》の目《め》の明《あ》いてる内《うち》に」とは、僕《ぼく》がまだ生《い》きているうちに、という意味《いみ》ですね。

この手紙《てがみ》の原文《げんぶん》はカタカナです。カタカナの手紙《てがみ》は読《よ》みにくいので、ひらがなに直《なお》して採録《さいろく》しました。子規《しき》はわざとカタカナで書《か》くことで、深刻《しんこく》な内容《ないよう》を、相手《あいて》に、つまり漱石《そうせき》に負担《ふたん》をかけぬよう配慮《はいりょ》したのでしょう。

このときの子規《しき》は病気《びょうき》がさらに進行《しんこう》して、背中《せなか》や横腹《よこばら》に新《あら》たな穴《あな》があいていました。体《からだ》が腐《くさ》るのですね。

病変部《びょうへんぶ》の包帯《ほうたい》を交換《こうかん》するときが死《し》ぬほど痛《いた》いのです。「毎日訳《まいにちわけ》もなく号泣《ごうきゅう》して居《い》るような次第《しだい》だ」とはそういう状態《じょうたい》のことで、子規《しき》はほんとうに毎日泣《まいにちな》いていたのです。

そんなときでも、むしろそんなときだからこそ、漱石《そうせき》の手紙《てがみ》でロンドンの様子《ようす》を知《し》ったり、漱石《そうせき》の生活《せいかつ》のことを読《よ》むのが楽《たの》しみなのだ、といっています。

漱石《そうせき》の書《か》きものは子規《しき》を楽《たの》しませ、勇気《ゆうき》づけました。子規《しき》は漱石《そうせき》の手紙《てがみ》の「読者《どくしゃ》」でした。

しかし、この最後《さいご》の手紙《てがみ》を受《う》け取《と》ったあとも、漱石《そうせき》は手紙《てがみ》を書《か》きませんでした。ロンドンの下宿《げしゅく》にひきこもってノイローゼになるほど勉強《べんきょう》していて、そんな余裕《よゆう》はありませんでした。

そして、帰国《きこく》の船《ふね》に乗《の》る一週間前《しゅうかんまえ》の一九〇二年《ねん》十二月初旬《がつしょじゅん》、子規《しき》の弟《おとうと》分《ぶん》で漱石《そうせき》とも親《した》しい高浜虚子《たかはまきょし》からの手紙《てがみ》で、九月《がつ》十九日《にち》に子規《しき》が死《し》んだ、と知《し》らされたのです。漱石《そうせき》は、子規《しき》にもっと手紙《てがみ》を書《か》いてやればよかった、と深《ふか》い後悔《こうかい》にさいなまれました。

子規《しき》が漱石《そうせき》に教《おし》えたこと

この苦《にが》い体験は、同時《どうじ》に、自分《じぶん》の書《か》いたものを心《こころ》から待《ま》っている「読《どく》者《しゃ》」がいたという事実《じじつ》の重《おも》さを、漱石《そうせき》に実感《じっかん》させました。手紙《てがみ》の読者《どくしゃ》は子《し》規《き》ひとりだけでしたが、雑誌《ざっし》や新聞《しんぶん》に小説《しょうせつ》を書《か》けば、たくさんの読者《どくしゃ》が生《う》まれて、その人《ひと》たちは自分《じぶん》の書《か》いたものを、子規《しき》ほどとはいわないまでも、心《こころ》から待《ま》っていてくれるかもしれない。

漱石《そうせき》は、この思《おも》いを、のちに小説《しょうせつ》を書《か》くときの支《ささ》えとしました。文学《ぶんがく》には読者《どくしゃ》が必要《ひつよう》です。読者《どくしゃ》の存在《そんざい》が想定《そうてい》できるから、言葉《ことば》による表現《ひょうげん》ができるのです。漱石《そうせき》はそういうことを、子規《しき》の死《し》を契機《けいき》に考《かんが》えるようになったのです。

これは漱石《そうせき》と子規《しき》だけの特別《とくべつ》な話《はなし》ではありません。君《きみ》たちもだれかに待《ま》たれているかもしれません。今《いま》は見《み》えないけれども、どこかに君《きみ》たちの書《か》きものや表現《ひょうげん》、君《きみ》たちの言葉《ことば》を待《ま》っている人《ひと》がいるかもしれませんよ。そうして、そういう「読者《どくしゃ》」に生《い》きる勇気《ゆうき》を与《あた》えるかもしれませんよ。

歴史上《れきしじょう》の人《ひと》びとを友《とも》だちに

司馬遼太郎《しばりょうたろう》さんは、自分《じぶん》はほんとうに歴史《れきし》が好《す》きなんだ、といっています。司馬《しば》さんが歴史《れきし》を好《す》きなのは、その時代《じだい》その時代《じだい》で、きちんと誠実《せいじつ》に、また勇気《ゆうき》を持《も》って明《あか》るく生《い》きてきた人《ひと》たちを知《し》ることが楽《たの》しいからではないかと思《おも》うのです。

司馬《しば》さんは遠《とお》い昔《むかし》に死《し》んだ人《ひと》でも、自分《じぶん》にとっては友《とも》だちだ、ともいっています。司馬《しば》さんは、歴史《れきし》の中《なか》の人物《じんぶつ》たちを、昔死《むかしし》んだ人《ひと》だから、という理由《りゆう》で差別《さべつ》するな、というのです。歴史《れきし》は今《いま》生《い》きている僕《ぼく》たちにとって、とても近《ちか》く親《した》しいものだ。だからおもしろい、ともいうのです。

僕自身《ぼくじしん》も、歴史《れきし》の中《なか》の人《ひと》びとを友《とも》だちのように感《かん》じることがよくあります。

僕《ぼく》は、子規庵《しきあん》に来《く》ると、たった今《いま》もここに正岡子規《まさおかしき》が病床《びょうしょう》に横《よこ》たわっているような気《き》がします。そして、夏目漱石《なつめそうせき》がたずねてきて、「オレ、来月《らいげつ》から英国留学《えいこくりゅうがく》するんだよ」と話《はな》しかけていそうな感《かん》じがするのです。歴史《れきし》の中《なか》を生《い》きた人《ひと》びとを自分《じぶん》の友《とも》だちだと思《おも》うような感覚《かんかく》とは、こういうとなのではないでしょうか。

今《いま》、君《きみ》たちが書《か》いている日本語《にほんご》は、子規《しき》や漱石《そうせき》がつくりあげてくれたものです。そう考《かんが》えれば、子規《しき》や漱石《そうせき》はすごく尊敬《そんけい》すべき君《きみ》らの大先輩《だいせんぱい》といえるし、友《とも》だちだともいえるのではありませんか。

歴史《れきし》は遠《とお》い昔《むかし》のことで、自分《じぶん》に関係《かんけい》がないことだと思《おも》ってはいけない、と司馬《しば》さんはいいます。歴史《れきし》そのものが私《わたし》たちの中《なか》に生《い》きているのだし、彼《かれ》らが残《のこ》してくれた仕事《しごと》のＤＮＡは、今《いま》を生《い》きている君《きみ》たちの中《なか》にも、ちゃんと受《う》け渡《わた》されている、そう司馬《しば》さんは小説《しょうせつ》をとおしてつたえているのです。

そうして、この部屋《へや》に今《いま》いる子規《しき》が、

「よく来《き》たね。みんなよく来《き》たね。君《きみ》たちの中《なか》に僕《ぼく》たちのＤＮＡがほんのちょっとだけ生《い》きているんだよ」

とささやいている声《こえ》を聞《き》いてみてください。

＊この章の引用部分は、一部現代かなづかい、現代送りがなを使用しました。また、『子規句集』『子規歌集』『漱石俳句集』『漱石・子規往復書簡集』（以上岩波文庫）、『子規全集』第十二巻（講談社）を参考にしました。

司馬遼太郎の本

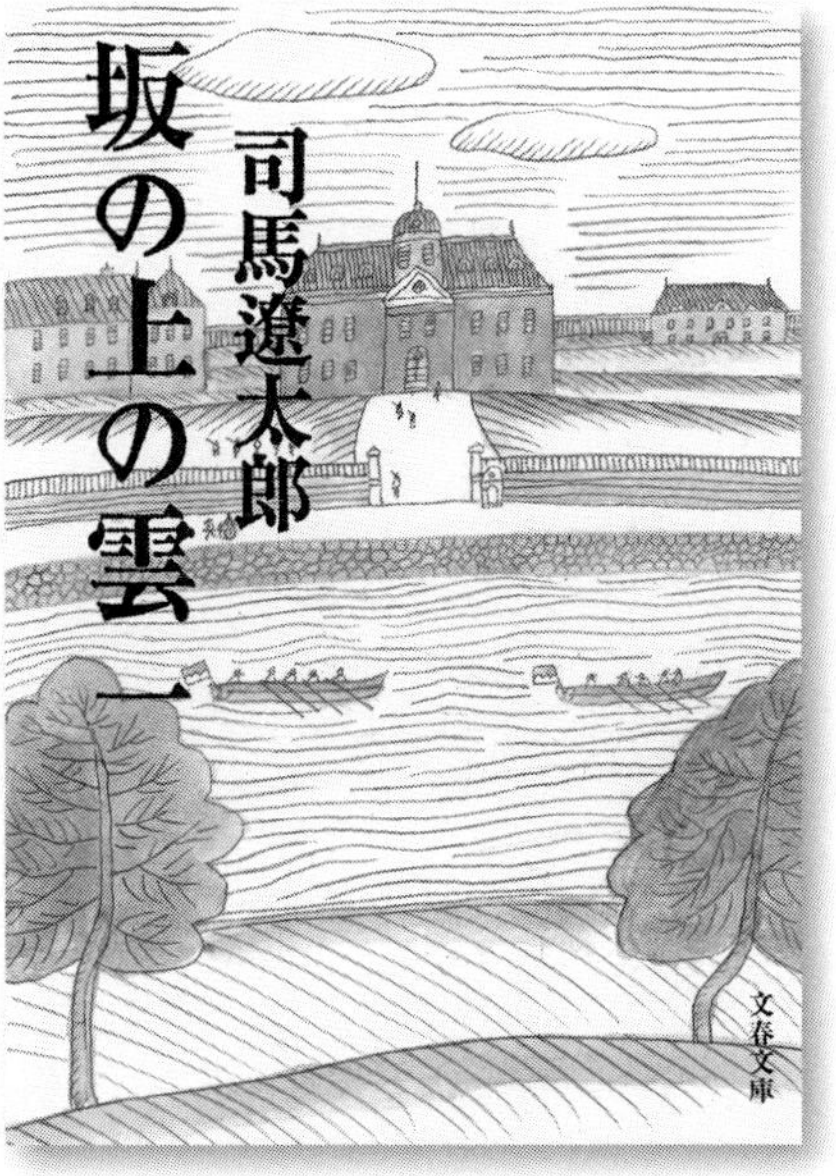

『坂の上の雲』

（全8巻）

新《あたら》しい日本語《にほんご》のあり方《かた》を示《しめ》した正岡子規《まさおかしき》、日本《にほん》陸軍《りくぐん》で騎兵隊《きへいたい》をつくった秋山好古《あきやまよしふる》、日本海海戦《にほんかいかいせん》で参謀《さんぼう》を務《つと》めた秋山真之《あきやまさねゆき》の 3人《にん》の姿《すがた》を通《つう》じて、近代国家《きんだいこっか》を築《きず》こうとした明治《めいじ》の日本《にほん》を描《えが》く。

文春文庫　各670円

世界《せかい》への好奇心《こうきしん》をもとう

～広《ひろ》い心《こころ》をもった人《ひと》・高田屋嘉兵衛《たかたやかへえ》

松本健一
Matsumoto Kenichi

松本健一　まつもと・けんいち

評論家《ひょうろんか》、麗澤大学経済学部教授《れいたくだいがくけいざいがくぶきょうじゅ》。一九四六（昭和《しょうわ》二十一）年《ねん》、群馬県《ぐんまけん》生《う》まれ。東京大学経済学部卒業《とうきょうだいがくけいざいがくぶそつぎょう》。京都精華大学教授《きょうとせいかだいがくきょうじゅ》を経《へ》て現職《げんしょく》。主《おも》な研究分野《けんきゅうぶんや》は近《きん》・現代日本《げんだいにほん》の精神史《せいしんし》、アジア文化論《ぶんかろん》。著書《ちょしょ》に『近代《きんだい》アジア精神史《せいしんし》の試《こころ》み』（中央公論新社《ちゅうおうこうろんしんしゃ》、一九九五年度《ねんど》アジア・太平洋賞受賞《たいへいようしょうじゅしょう》）、『開国《かいこく》・維新《いしん》』（中央公論新社《ちゅうおうこうろんしんしゃ》、二〇〇〇年度吉田茂賞受賞《ねんどよしだしげるしょうじゅしょう》）、『評伝《ひょうでん》　北一輝《きたいっき》（全《ぜん》五巻《かん》）』（岩波書店《いわなみしょてん》、二〇〇五年度司馬遼太郎賞《ねんどしばりょうたろうしょう》、毎日出版文化賞受賞《まいにちしゅっぱんぶんかしょうじゅしょう》）、『竹内好論《たけうちよしみろん》』（岩波現代文庫《いわなみげんだいぶんこ》）、『泥《どろ》の文明《ぶんめい》』（新潮選書《しんちょうせんしょ》）など多数《たすう》ある。

十一歳《さい》の司馬《しば》遼太郎《りょうたろう》と高田屋嘉兵衛《たかたやかへえ》

私《わたし》が高田屋嘉兵衛《たかたやかへえ》を知《し》ったのは三十歳《さい》になったあと、司馬遼太郎《しばりょうたろう》さんが高田屋嘉兵衛《たかたやかへえ》について書《か》いた『菜《な》の花《はな》の沖《おき》』を読《よ》んだことがきっかけでした。しかし、第二次世界大戦前《だいにじせかいたいせんまえ》の小学校《しょうがっこう》の教科書《きょうかしょ》には高田屋嘉兵衛《たかたやかへえ》のことが出《で》ていて、十一歳《さい》になるとだれもが高田屋嘉兵衛《たかたやかへえ》について学《まな》びました。

ですから、司馬《しば》さんが高田屋嘉兵衛《たかたやかへえ》のことを知《し》ったのは十一歳《さい》のときなのだと思《おも》います。それから四十五年後《ねんご》の五十六歳《さい》のときに、『菜《な》の花《はな》の沖《おき》』を書《か》かれました。

海《うみ》が好《す》きだった高田屋嘉兵衛《たかたやかへえ》は、十一歳《さい》のころに、将来《しょうらい》、船《ふね》に乗《の》って商売《しょうばい》をしようという志《こころざし》をたてます。

嘉兵衛《かへえ》は、子《こ》どものときから海《うみ》を見《み》るのが好《す》きでした。でも、ただ単《たん》に海《うみ》が好《す》きだからと、ぼうっと見《み》ていたのではなく、その日《ひ》の波《なみ》の状態《じょうたい》や潮《しお》の流《なが》れ、満潮《まんちょう》の時間《じかん》といったことを観察《かんさつ》していました。こうしたことは船《ふね》を運航《うんこう》するのに必要《ひつよう》なことなのです。その観察《かんさつ》をしながら、船乗《ふなの》りになろうという気持《きも》ちを強《つよ》くしていったのです。嘉兵衛《かへえ》は二十二歳《さい》のときに淡路《あわじ》島《しま》を出《で》ます。当時《とうじ》は兵庫《ひょうご》といった今《いま》の神戸《こうべ》へ行《い》き、本格的《ほんかくてき》な船乗《ふなの》りとしての生活《せいかつ》をはじめたのです。

嘉兵衛《かへえ》が活躍《かつやく》した時代《じだい》に百万人《ひゃくまんにん》を超《こ》える都市《とし》というのは、世界《せかい》を見《み》てもイギリスのロンドンやフランスのパリなど、ごくわずかしかありませんでした。しかし、当時《とうじ》の日本《にほん》には江戸《えど》、大坂《おおさか》、京都《きょうと》という百万人《ひゃくまんにん》を超《こ》える大《だい》都市《とし》が三つもありました。商業《しょうぎょう》の中心地《ちゅうしんち》は大坂《おおさか》で、全国《ぜんこく》の物産品《ぶっさんひん》が大坂《おおさか》に集《あつ》まり、全国《ぜんこく》に流《なが》れていきました。

大坂《おおさか》から兵庫《ひょうご》に物資《ぶっし》を集《あつ》め、船《ふね》にのせて瀬戸内海《せとないかい》を通《とお》って下関《しものせき》を抜《ぬ》け、日本海側《にほんかいがわ》を北上《ほくじょう》、北海道《ほっかいどう》までの間《あいだ》を往来《おうらい》する船《ふね》を北前船《きたまえぶね》といいました。北《ほっ》海道《かいどう》からはコンブとかニシンを運《はこ》んできて、松前藩《まつまえはん》がそれを売《う》ってお米《こめ》に替《か》えていました。秋田《あきた》から杉《すぎ》を、酒田《さかた》からは紅花《べにばな》などを運《はこ》ぶのです。高田《たかた》屋嘉兵衛《やかへえ》はこの北前船《きたまえぶね》の船乗《ふなの》りになり、やがて北前船《きたまえぶね》を何艘《なんそう》も動《うご》かす廻船《かいせん》問屋《どんや》になったのです。

嘉兵衛《かへえ》が乗《の》っていた北前船《きたまえぶね》について説明《せつめい》しましょう。

北前船《きたまえぶね》は、千石船《せんごくぶね》といわれる当時《とうじ》の日本《にほん》ではたいへんに大《おお》きな船《ふね》でした。大《おお》きさは全長《ぜんちょう》が三十メートルほどで、お米《こめ》を千石《せんごく》のせることができます。お米《こめ》の千石《せんごく》というのは、米俵《こめだわら》にすると約《やく》二千《せん》五百俵《ひゃっぴょう》、重《おも》さにすると百《ひゃく》五十トンぐらいになります。ただ、嘉兵衛《かへえ》が自分《じぶん》でつくった最初《さいしょ》の北前船《きたまえぶね》の「辰悦丸《しんえつまる》」は、千石船《せんごくぶね》といっても実際《じっさい》には千《せん》五百石《ひゃっこくつ》積《つ》める船《ふね》だったので、お米《こめ》三千《ぜん》七百《ひゃく》五十俵《ぴょう》、重《おも》さにすると二百《ひゃく》二十五トン積《づ》みのさらに大《おお》きい船《ふね》だったようです。

この時代《じだい》の日本《にほん》の船《ふね》の構造《こうぞう》は、お椀《わん》の真《ま》ん中《なか》に帆柱《ほばしら》を一本《ぽん》立《た》て、その船《ふね》に荷物《にもつ》を積《つ》むという、つまり水《みず》の上《うえ》に軽《かる》く浮《う》いて海上《かいじょう》を走《はし》るという感《かん》じの船《ふね》でした。現在《げんざい》の船《ふね》のように甲板《かんぱん》という、上《うえ》から水《みず》が中《なか》に入《はい》らないようにするためのおおいはなく、波《なみ》が高《たか》かったり、雨《あめ》が降《ふ》ったりすると船《ふね》の中《なか》に水《みず》が入《はい》ってきてしまう構造《こうぞう》でした。そのため、船頭《せんどう》の指揮《しき》のもと、水夫《かこ》（船乗《ふなの》り）のいちばん重要《じゅうよう》な仕事《しごと》というのは、帆《ほ》の上《あ》げ下《お》ろしもありましたが、雨《あめ》や波《なみ》で船《ふね》に入《はい》ってきた水《みず》を外《そと》にかい出《だ》すことでした。

苦《くる》しみを乗《の》り越《こ》える方法《ほうほう》

とはいっても、嘉兵衛《かへえ》がすぐに船乗《ふなの》りになれたわけではありません。子《こ》どものころの嘉兵衛《かへえ》は、たいへん貧《まず》しい生活《せいかつ》をしていました。

嘉兵衛《かへえ》は十一歳《さい》のころに、隣《となり》の村《むら》に丁稚《でっち》（下働《したばたら》き）奉公《ぼうこう》に出《だ》されました。この当時《とうじ》は、こうしたことはめずらしいことではなく、女《おんな》の子《こ》であれば子守《こも》り、男《おとこ》の子《こ》は商家《しょうか》の丁稚《でっち》などに出《だ》されました。嘉兵衛《かへえ》も都志《つし》の生《う》まれた村《むら》から、川《かわ》をわたった隣《となり》の新在家《しんざいけ》という新《あたら》しい村《むら》に移《うつ》りました。

しかし、この当時《とうじ》は身分差別《みぶんさべつ》が激《はげ》しく、生《う》まれ育《そだ》った村《むら》であればまだいいのですが、隣村《りんそん》から来《き》た嘉兵衛《かへえ》はたいへんないじめにあいました。いじめに耐《た》えながら、嘉兵衛《かへえ》はその新《あたら》しい村《むら》で苦労《くろう》しながらがんばります。

嘉兵衛《かへえ》は、どのようにしていじめを乗《の》り越《こ》えたのでしょうか?

ひとつめにいえることは、「人間《にんげん》は忘《わす》れる動物《どうぶつ》」であるということです。そのときは死《し》ぬほどに悲《かな》しい、苦《くる》しいと思《おも》っても時間《じかん》が解決《かいけつ》してくれるということがあります。

もうひとつは、現在《げんざい》おかれている状況《じょうきょう》が苦《くる》しくても、その先《さき》の将来《しょうらい》に夢《ゆめ》や希望《きぼう》があれば、つらいことが乗《の》り越《こ》えられるということです。嘉兵衛《かへえ》の場合《ばあい》は、淡路島《あわじしま》の新在家《しんざいけ》での苦《くる》しい生活《せいかつ》に対《たい》して、いずれは兵庫《ひょうご》に出《で》て大《おお》きな船《ふね》を運航《うんこう》してみたいという夢《ゆめ》がありました。こういう夢《ゆめ》があると、現《げん》実《じつ》の苦《くる》しさとか、悲《かな》しさとかを乗《の》り越《こ》える力《ちから》が出《で》てくるのです。夢《ゆめ》のためには、つらいことがあってももう少《すこ》し我慢《がまん》しよう、乗《の》り越《こ》えてやるんだというように思《おも》えるわけです。

兵庫《ひょうご》に行《い》ったあとも、嘉兵衛《かへえ》には日本全国《にほんぜんこく》を船《ふね》でまわって商売《しょうばい》してみたいという次《つぎ》の夢《ゆめ》があった。より大《おお》きな仕事《しごと》をしてみたいという思《おも》いを強《つよ》くもっていました。その結果《けっか》、現実《げんじつ》の苦《くる》しさやつらさを次々《つぎつぎ》に乗《の》り越《こ》えていけたのです。

夢《ゆめ》を実現《じつげん》するために大切《たいせつ》なのは、自分《じぶん》が興味《きょうみ》をもったことに打《う》ち込《こ》むという姿勢《しせい》です。嘉兵衛《かへえ》は海《うみ》そのものに興味《きょうみ》をもち、六、七歳《さい》のときから潮《しお》の流《なが》れを観察《かんさつ》していました。このことが船《ふね》を操作《そうさ》する際《さい》の大《おお》きな力《ちから》になりました。というのも、この当時《とうじ》の船《ふね》はエンジンがなく、風《かぜ》と波《なみ》、潮《しお》を見《み》て操作《そうさ》しなくては思《おも》い通《どお》りに動《うご》かせませんでした。嘉兵衛《かへえ》はその訓練《くんれん》を小《ちい》さいころから自然《しぜん》とやっていたわけです。

もちろん、それだけでは夢《ゆめ》を実現《じつげん》することはできません。これに加《くわ》えてもうひとつ重要《じゅうよう》なことがあります。それはリスク（危険《きけん》）を覚悟《かくご》して、それを乗《の》り越《こ》えることです。

嘉兵衛《かへえ》が北海道《ほっかいどう》との交易《こうえき》をはじめたころ、徳川幕府《とくがわばくふ》は北海道《ほっかいどう》のさらに北《きた》の択捉《えとろふ》、国後《くなしり》に船《ふね》の道《みち》である航路《こうろ》を開《ひら》こうと、船頭《せんどう》を募集《ぼしゅう》しました。そのとき嘉兵衛《かへえ》はこれに応募《おうぼ》しました。

しかし、北方航路《ほっぽうこうろ》は未知《みち》の海《うみ》で、冬《ふゆ》には厳《きび》しい風波《ふうは》があり、島《しま》に人《ひと》が住《す》んでいるのか、産物《さんぶつ》があるのか、わかりません。その結果《けっか》、嘉兵衛《かへえ》以外《いがい》に応募《おうぼ》してきた船頭《せんどう》はなく、嘉兵衛《かへえ》はその危険《きけん》な仕事《しごと》を一手《いって》に引《ひ》き受《う》け信頼《しんらい》を高《たか》めていきます。

嘉兵衛《かへえ》のすごいところはみんなが危険《きけん》だと思《おも》ってしりごみしているときでも、海《うみ》や船《ふね》への興味《きょうみ》、日本全土《にほんぜんど》への交易《こうえき》の夢《ゆめ》によって、リスクを覚悟《かくご》してそれに挑戦《ちょうせん》していったことです。

どんなものも興味《きょうみ》をいだく気持《きも》ち

幕府《ばくふ》は北方《ほっぽう》の択捉《えとろふ》、国後《くなしり》まで日本《にほん》の開発《かいはつ》を進《すす》め、各地《かくち》に番所《ばんしょ》という警察《けいさつ》と市役所《しやくしょ》を兼《か》ねたような役所《やくしょ》を開《ひら》いていきました。一方《いっぽう》、嘉兵衛《かへえ》も北《きた》の海《うみ》に船《ふね》を出《だ》して、どこに港《みなと》を開《ひら》くとよいか、どの海域《かいいき》だったら船《ふね》が通《とお》れるとか、新《あたら》しい航路《こうろ》を見《み》つけ出《だ》していきました。

ところが、この当時《とうじ》、ロシアの船《ふね》も日本《にほん》のまわりにきていました。そして、ロシアの使節団《しせつだん》が日本《にほん》にやってきて通商《つうしょう》を結《むす》ぼうとしたのですが、オランダ・中国《ちゅうごく》・朝鮮《ちょうせん》以外《いがい》との交流《こうりゅう》を禁《きん》じている幕府《ばくふ》はこれを拒《こば》み、追《お》い返《かえ》してしまいました。これに怒《おこ》った使節団《しせつだん》が、国《くに》としての判断《はんだん》ではなく、使《し》節団《せつだん》の単独《たんどく》の判断《はんだん》として北海道北部《ほっかいどうほくぶ》を航行《こうこう》していた日本《にほん》の船《ふね》を攻撃《こうげき》したり、また漁民《ぎょみん》が北海道各地《ほっかいどうかくち》の番所《ばんしょ》を襲撃《しゅうげき》したりするという事件《じけん》も起《お》こったのです。

これにおどろいた幕府《ばくふ》は、ロシア側《がわ》の真意《しんい》を探《さぐ》るために、そのあとにやってきたロシアの軍艦《ぐんかん》の艦長《かんちょう》・ゴローニンをはじめとする乗組員《のりくみいん》を逮捕《たいほ》してしまいました。艦長《かんちょう》を逮捕《たいほ》されたロシア側《がわ》はこれに怒《おこ》って、逆《ぎゃく》に今度《こんど》は北方航路《ほっぽうこうろ》にいた日本《にほん》の船《ふね》を捕《つか》まえて、今《いま》の言葉《ことば》でいうと拿捕《だほ》して、その船《ふね》に乗《の》っていた船長《せんちょう》の嘉兵衛《かへえ》をロシアのカムチャッカ半島《はんとう》に連《つ》れ帰《かえ》ってしまったのです。

普通《ふつう》であれば、異国《いこく》で捕《つか》まってしまえば、不安《ふあん》や焦《あせ》りなどで心弱《こころよわ》り、落《お》ち込《こ》んでしまいますが、嘉兵衛《かへえ》は持《も》ち前《まえ》の好奇心《こうきしん》によって、ロシアに対《たい》していろいろな興味《きょうみ》をもちます。

船上《せんじょう》で知《し》り合《あ》った十一歳《さい》の少年《しょうねん》にロシア語《ご》を教《おそ》わりながら、「ロシア人《じん》たちはなにに興味《きょうみ》をもっているのか」「なにを毎日《まいにち》食《た》べているのか」といったことまでも聞《き》き、ロシアやその人《ひと》びとを理解《りかい》しようとしました。

その一方《いっぽう》で、自分《じぶん》を捕《つか》まえた船《ふね》の艦長《かんちょう》・リコルドと信頼関係《しんらいかんけい》をつくりながら、先《さき》に日本側《にほんがわ》が逮捕《たいほ》したゴローニンたちの解放《かいほう》のために徳川幕府《とくがわばくふ》とロシア海軍《かいぐん》の間《あいだ》に立《た》ち、交渉《こうしょう》にあたるわけです。

自《みずか》ら進《すす》んで学《まな》ぼうとする気持《きも》ちをもつ

嘉兵衛《かへえ》がロシア人《じん》との信頼関係《しんらいかんけい》をつくるうえで重要《じゅうよう》なことは、まず言葉《ことば》でした。ただ単《たん》に気力《きりょく》・気概《きがい》だけあっても、ロシア語《ご》がわからなければ、交流《こうりゅう》もできず、ましてや外交交渉《がいこうこうしょう》はできません。当時《とうじ》の日本《にほん》は鎖国状態《さこくじょうたい》で国《くに》を閉《と》ざしていましたから、ヨーロッパの言葉《ことば》でわかるのはオランダ語《ご》だけで、幕府側《ばくふがわ》はロシア語《ご》がほとんどわからなかった。

そこで嘉兵衛《かへえ》は、少年《しょうねん》から教《おし》えてもらったロシア語《ご》を使《つか》って、幕府《ばくふ》とロシアの間《あいだ》に立《た》って通訳《つうやく》をしながら外交交渉《がいこうこうしょう》をしたのです。この当時《とうじ》は、外《がい》国交際《こくこうさい》を意味《いみ》する今《いま》のような外交《がいこう》という言葉《ことば》も、その発想《はっそう》もありません。そんな時代《じだい》にたったひとりで〝外交《がいこう》〟を行《おこな》ったのが嘉兵衛《かへえ》だったのです。

しかも、嘉兵衛《かへえ》は少年《しょうねん》からロシア語《ご》を学《まな》びながら、少年《しょうねん》に日本語《にほんご》を教《おし》えていました。嘉兵衛《かへえ》は今《いま》から二百年《ひゃくねん》以上《いじょう》も前《まえ》の人《ひと》ですけども、そういう状《じょう》態《たい》で国《くに》が閉《と》ざされているときでも、ひとりで〝外交《がいこう》〟をしました、また、それができた人《ひと》だったのです。

このようなことを嘉兵衛《かへえ》ができたのは、やはり新《あたら》しいことに興味《きょうみ》をもち、自《みずか》ら進《すす》んで学《まな》ぼうとする「進取《しんしゅ》の気質《きしつ》」があったからだと思《おも》います。嘉兵《かへ》衛《え》は、新《あたら》しいことがあればまずそれをやってみる。それにリスクがあっても、好奇心《こうきしん》と冒険心《ぼうけんしん》をもってやってみるという人《ひと》でした。こうした嘉兵衛《かへえ》の気質《きしつ》がロシアとのたったひとりでの外交交渉《がいこうこうしょう》というかたちであらわれたのです。

この成功《せいこう》によって、嘉兵衛《かへえ》は結果的《けっかてき》に箱館《はこだて》を中心《ちゅうしん》とした北海道《ほっかいどう》、そして北方航路《ほっぽうこうろ》での貿易《ぼうえき》を徳川幕府《とくがわばくふ》から全面的《ぜんめんてき》にまかされ、ますます商売《しょうばい》がうまくいくようになりました。

とはいっても、嘉兵衛《かへえ》はその儲《もう》かったお金《かね》を自分《じぶん》のために使《つか》うのではなく、嘉兵衛《かへえ》にとっては、いじめられたり、苦労《くろう》したり、つらかった思《おも》い出《で》の淡路島《あわじしま》のためにも使《つか》います。嘉兵衛《かへえ》は自分《じぶん》を育《そだ》ててくれたのは、なつかしい淡路島《あわじしま》であり、淡路島《あわじしま》の明《あか》るい菜《な》の花《はな》であり、親《した》しい故郷《こきょう》の人《ひと》びとだったと考《かんが》えて、故郷《こきょう》に対《たい》して寄付《きふ》をしています。都志《つし》にある八幡神社《はちまんじんじゃ》の山《さん》門《もん》など、淡路島《あわじしま》には嘉兵衛《かへえ》の親《した》しい思《おも》いを伝《つた》えるものが今《いま》も残《のこ》されています。嘉兵衛《かへえ》の興味深《きょうみぶか》いところは、子《こ》ども時代《じだい》、淡路島《あわじしま》でいじめられたり、差別《さべつ》されたり、暴力《ぼうりょく》をふるわれたりしたけれども、それを恨《うら》むということをしないところです。そのこと自体《じたい》は忘《わす》れないけれども、自分《じぶん》はそれを乗《の》り越《こ》えることができ、成功《せいこう》することができた。そして、私《わたくし》の名誉《めいよ》のためでなく、故郷《こきょう》への清《きよ》い心《こころ》で村《むら》にお返《かえ》しをするというかたちをとったのです。高田屋嘉兵衛《たかたやかへえ》の人《ひと》としての清々《すがすが》しさ、おもしろさだと思《おも》います。

高田屋嘉兵衛《たかたやかへえ》、成功《せいこう》の原動力《げんどうりょく》は？

人《ひと》は自分《じぶん》が好《す》きなものほど上手《じょうず》になります。「好《す》きこそものの上手《じょうず》なれ」

ということわざがあるように、どんなにやらなくちゃと思《おも》っていても嫌《きら》いなものはなかなか上達《じょうたつ》しませんし、耐《た》えることの苦《くる》しさが増《ま》します。でも、好《す》きなものは、苦労《くろう》しても失敗《しっぱい》しても、それほど苦《く》にならず、もっと上手《じょうず》になりたいと工夫《くふう》して、続《つづ》けられる。だからまたより上手《じょうず》になるという、よい循環《じゅんかん》が生《う》まれるのです。

これと同《おな》じで嘉兵衛《かへえ》の場合《ばあい》は、海《うみ》と船《ふね》に乗《の》るのがとても好《す》きだったということが、船乗《ふなの》りになる原動力《げんどうりょく》となりました。成功《せいこう》するための、いちばん最初《さいしょ》の条件《じょうけん》です。

さらに、人《ひと》よりももっとうまく船《ふね》を操《あやつ》りたいという思《おも》いが、操船《そうせん》の技術《ぎじゅつ》を上達《じょうたつ》させ、速《はや》く航行《こうこう》させることにつながります。速《はや》くなれば、一年《ねん》一往《おう》復《ふく》だった北前船《きたまえぶね》の運航《うんこう》が、二往復《おうふく》、最終的《さいしゅうてき》には四往復《おうふく》までできるようになり、儲《もう》けにもつながります。むろん、船《ふね》をできるだけ速《はや》く運航《うんこう》するためには、風《かぜ》や潮《しお》を見《み》て、どういうふうに利用《りよう》したらよいか、という工夫《くふう》が必要《ひつよう》になります。

当時《とうじ》の船《ふね》は「板子一枚下《いたごいちまいした》は地獄《じごく》」といわれ、ちょっとしたことでも沈《しず》んでしまう危険《きけん》がありました。そのため、いつも危険《きけん》を覚悟《かくご》していなければならなかったのです。

その危険《きけん》を少《すこ》しでもへらすためには、航行中《こうこうちゅう》、天候《てんこう》の変化《へんか》などを予測《よそく》するための観察《かんさつ》が常《つね》に必要《ひつよう》でした。こうしたことを続《つづ》けていると、空《そら》の景色《けしき》を見《み》るだけで台風《たいふう》がくるな、ということもだんだんわかるようになってくるわけです。雲《くも》を見《み》たり、風《かぜ》の向《む》きを見《み》たり、潮《しお》の流《なが》れを見《み》たりする経験《けいけん》で危険《きけん》を察知《さっち》し、その危険性《きけんせい》をとりのぞいていくための術《すべ》を身《み》につけていきました。このようにして、嘉兵衛《かへえ》の成功《せいこう》する条件《じょうけん》がどんどんそろっていったのです。嘉兵衛《かへえ》は船乗《ふなの》りの名人《めいじん》として、人《ひと》の信頼《しんらい》をえ仕事《しごと》を集《あつ》めるようになっていきました。

高田屋嘉兵衛《たかたやかへえ》から学《まな》ぶべきこととは?

みなさんはこれから生《い》きていくうえで、つらいことや苦《くる》しいことにたくさんぶつかると思《おも》います。でも、そんなときには、新《あたら》しい夢《ゆめ》をいだき、自《じ》分《ぶん》の関心《かんしん》をもったことを深《ふか》めていくことで、苦《くる》しさやつらさを必《かなら》ず乗《の》り越《こ》えられると思《おも》います。嘉兵衛《かへえ》もそのようにして淡路島《あわじしま》を出《で》て、兵庫《ひょうご》に行《い》き、日本全体《にほんぜんたい》を見渡《みわた》すような立場《たちば》へと進《すす》み出《で》ていったわけです。

高田屋嘉兵衛《たかたやかへえ》という人物《じんぶつ》はとても胸幅《むなはば》の広《ひろ》い人《ひと》でした。

胸幅《むなはば》が広《ひろ》いというのは、船乗《ふなの》りだから肉体的《にくたいてき》に胸郭《きょうかく》が広《ひろ》いということもありますが、それ以上《いじょう》にその内面《ないめん》、つまり心《こころ》が広《ひろ》かったということです。嘉兵衛《かへえ》という人《ひと》は、困難《こんなん》にぶつかってもそれを乗《の》り越《こ》え、さらに大《おお》きい夢《ゆめ》があるために、危険《きけん》があることを知《し》りつつも、それを乗《の》り越《こ》えてさらに大《おお》きなことを成《な》し遂《と》げていく人物《じんぶつ》でした。そして、自分《じぶん》をいじめた人《ひと》も許《ゆる》すというような、そういう胸幅《むなはば》の広《ひろ》い人《ひと》であったと思《おも》います。

私《わたし》はそんな高田屋嘉兵衛《たかたやかへえ》が好《す》きです。

高田屋嘉兵衛《たかたやかへえ》の海《うみ》に対《たい》する思《おも》いというと、私《わたし》には「仁者《じんしゃ》は山《やま》を愛《あい》し、智《ち》者《しゃ》は海《うみ》を愛《あい》す」という言葉《ことば》が思《おも》い浮《う》かんでくるのです。動《うご》かない山《やま》を愛《あい》す仁者《じんしゃ》、常《つね》に動《うご》いて活動《かつどう》している海《うみ》、それを愛《あい》するという智者《ちしゃ》――。

高田屋嘉兵衛《たかたやかへえ》の行動《こうどう》のもとには常《つね》に知的《ちてき》な好奇心《こうきしん》があり、彼《かれ》はリスクをとって次《つぎ》の時代《じだい》を開《ひら》いていった。現在《げんざい》にもつながるような身分差別《みぶんさべつ》を超《こ》える社会観《しゃかいかん》や、子《こ》どもからも学《まな》ぶ胸幅《むなはば》の広《ひろ》い寛容《かんよう》な人間観《にんげんかん》も教《おし》えてくれます。

このことが、私《わたし》が高田屋嘉兵衛《たかたやかへえ》という人物《じんぶつ》を好《す》きな大《おお》きな理由《りゆう》です。

みなさんは、これから新《あたら》しい時代《じだい》を生《い》きていくことになりますが、そういうときには高田屋嘉兵衛《たかたやかへえ》のように胸幅《むなはば》の広《ひろ》い心《こころ》をもって新《あたら》しい世界《せかい》を開《ひら》いていってください。そして、自分《じぶん》が好《す》きで選《えら》んだことであれば、困難《こんなん》も乗《の》り越《こ》えられる、そのために努力《どりょく》するということが重要《じゅうよう》です。

いざというときに、ちょっとした危険《きけん》があってもそれを乗《の》り越《こ》えるような技術《ぎじゅつ》をたくわえておいて挑戦《ちょうせん》をし、自分《じぶん》の可能性《かのうせい》を広《ひろ》げていってください。そうすることで、みなさんの前《まえ》に未来《みらい》が開《ひら》かれていくのだと私《わたし》は思《おも》います。

司馬遼太郎の本

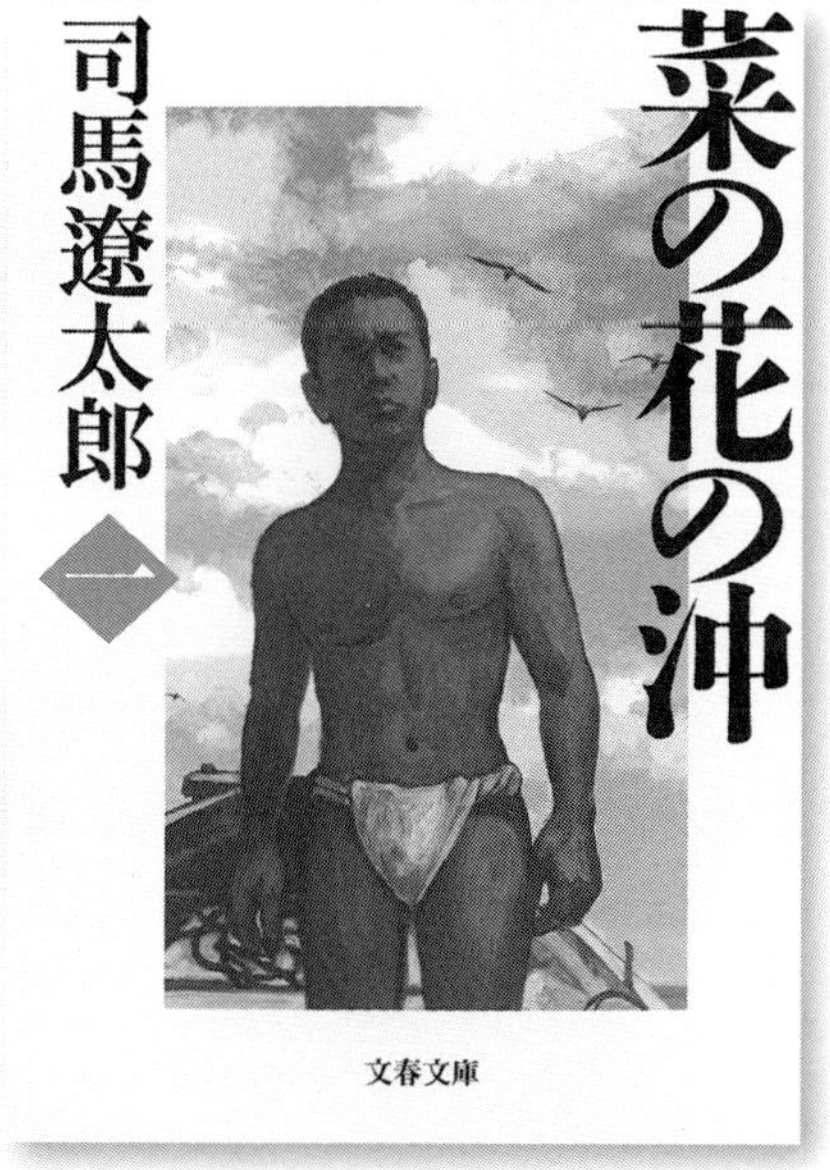

『菜の花の沖』

（全6巻）

一商人《いちしょうにん》の立場《たちば》にありながら、幕府《ばくふ》とロシアの間《あいだ》に立《た》ち外交交渉《がいこうこうしょう》を行《おこな》った高田屋嘉兵衛《たかたやかへえ》。彼《かれ》の波乱《はらん》に満《み》ちた一生《いっしょう》を通《つう》じて、世界的《せかいてき》な大航《だいこう》海時代《かいじだい》の中《なか》で、鎖国《さこく》・日本《にほん》が世界《せかい》とどう対峙《たいじ》したのかを描《えが》く。

文春文庫　各620円（第2巻は660円）

未来をつくる君たちへ　～司馬遼太郎作品からのメッセージ～

NHK 総合テレビ

★ 11月15日放送　誰かが“君の言葉”を待っている
　～関川夏央が語る「正岡子規」～
★ 11月22日放送　勉強ってなんのため？
　～立花隆が語る「緒方洪庵」～
★ 11月29日放送　あきらめない力
　～松本健一が語る「高田屋嘉兵衛」～

【番組制作スタッフ】

取材協力　司馬遼太郎記念財団

語り	桑島法子
	浜畑賢吉
取材	キム・テグワン
撮影	鈴木克彦
音声	宮原貴紀
音響効果	三瓶智秋
編集	増村　晶
ディレクター	松井和男
	太田慎一
制作統括	山元浩昭
	田辺雅泰

【本書編集スタッフ・協力者】

編集協力	司馬遼太郎記念財団
	NHK エデュケーショナル
	適塾記念会
	財団法人子規庵保存会
	高田屋顕彰館
	学校法人上宮学園　上宮中学校
	小川　純
デザイン	松岡史恵
写真	伊藤善規、山家学
校正	広地ひろ子
本文 DTP	㈱エストール

未来をつくる君たちへ

司馬遼太郎作品からのメッセージ

2009(平成21)年11月25日　第1刷発行

著　者　立花　隆
関川夏央
松本健一

発行者　遠藤絢一
発行所　日本放送出版協会(NHK出版)
〒150-8081　東京都渋谷区宇田川町41-1
電話　03-3780-3325(編集)／0570-000-321(販売)
ホームページ　http://www.nhk-book.co.jp
携帯電話サイト　http://www.nhk-book-k.jp
振替　00110-1-49701
印刷　大熊整美堂／三秀舎
製本　ブックアート

乱丁・落丁本はお取り替えいたします。
定価はカバーに表示してあります。

Printed in Japan
ISBN 978-4-14-081402-4　C0095

NHK 子ども科学電話相談シリーズ

NHKラジオセンター「子ども科学電話相談」制作班 編

NHK子ども科学電話相談1

「ホタルはどうして光るの？」「サボテンはなぜトゲがある？」子どもたちの素朴な疑問に、番組でおなじみの先生がわかりやすく答えます。科学を親子で楽しめるQ＆A集第1弾！

NHK子ども科学電話相談2

「イヌはなぜつま先立ちで歩くの？」「海はいつごろできたの？」など、子どもの素朴な疑問に答えるQ＆A集第2弾。子どもたちの〝科学する心〟を育てる一冊です。

教えて！生きものたちのひみつ

「アメンボが水に浮くのはなぜ？」「心はどうして目に見えないの？」などの生きものや科学、心と体に関する疑問に、ラジオ番組でおなじみの先生がやさしく答えます。

いのちはふしぎがいっぱいだ！

大切ないのちだからこそ、知りたいことがいっぱい。「動物はどうやって生まれたの？」「昆虫にも血管はあるの？」など、いのちの不思議にせまる質問と答えが満載です。

NHK ダーウィンが来た! シリーズ

NHK「ダーウィンが来た!」番組スタッフ 編

ビックリ生きものクイズ

NHK自然科学番組をもとにクイズ形式で明かす、生きものたちの不思議な世界。「水上を走るトカゲ」「言葉をかわすゾウ」など34テーマを、迫力のあるカラー写真で紹介します。

動物ふしぎクイズ

人気シリーズの第2弾。「年寄りを敬うチンパンジー」「海の底を歩くイカ」など、豊富なカラー写真と59問のクイズ・解説で、動物たちの不思議な世界を楽しく伝えます。

NHK 週刊こどもニュース!

NHK「週刊こどもニュース」プロジェクト 編

親子で総チェック! ニュースのことば×100

「地球温暖化」「格差社会」「裁判員」など、こどもから大人まで知ってトクする〝ニュースのことば〟をセレクトし、わかりやすく解説します。これで世の中が100倍よくわかる!